Kauderwelsch
Band 55

Kaltes Bier im Künstlercafé

Impressum

Irja Grönholm
Estnisch – Wort für Wort
erschienen im
REISE KNOW-HOW Verlag Peter Rump GmbH
Osnabrücker Str. 79, D-33649 Bielefeld
info@reise-know-how.de

7. Auflage 2018

Bearbeitung & Layout Josef Overberg, Claudia Schmidt
Layout-Konzept Günter Pawlak, FaktorZwo! Bielefeld
Umschlag Peter Rump (Titelfoto: Baltikum Tourismus Zentrale, www.baltikuminfo.de)
Kartographie Iain Macneish
Fotos Thorsten Altheide
Gesamtherstellung Himmer GmbH Druckerei & Verlag, Augsburg

ISBN 978-3-8317-6547-8
Printed in Germany

Wer im Buchhandel kein Glück hat, bekommt unsere Bücher zuzüglich Porto- und Verpackungskosten auch direkt über unseren Internet-Shop: ***www.reise-know-how.de***

Die Internetseiten mit Aussprachebeispielen und der Zugriff auf diese über QR-Codes sind eine freiwillige, kostenlose Zusatzleistung des Verlages. Der Verlag behält sich vor, die Bereitstellung des Angebotes und die Möglichkeit der Nutzung zeitlich und inhaltlich zu beschränken. Der Verlag übernimmt keine Garantie für das Funktionieren der Seiten und keine Haftung für Schäden, die aus dem Gebrauch der Seiten resultieren. Es besteht ferner kein Anspruch auf eine unbefristete Bereitstellung der Seiten.

Der Verlag möchte die **Reihe Kauderwelsch** weiter ausbauen und **sucht Autoren!** Mehr Informationen finden Sie unter ***www.reise-know-how.de/verlag/mitarbeit***

Kauderwelsch

Irja Grönholm

Estnisch

Wort für Wort

Kauderwelsch heißt:

- Schnell mit dem **Sprechen** beginnen, auch wenn nicht immer alles korrekt ist.
- Von der **Grammatik** wird nur das Wichtigste in einfachen Worten erklärt.
- Alle Beispielsätze werden doppelt ins Deutsche übertragen: erst **Wort-für-Wort,** dann in normales Deutsch. Die Wort-für-Wort-Übersetzung hilft, die neue Sprache schneller zu durchschauen, außerdem lassen sich dadurch leichter einzelne Wörter im fremdsprachigen Satz austauschen.
- Es geht um die **Alltagssprache,** also das, was man tatsächlich auf der Straße hört.
- Die **Autoren** sind entweder Reisende, die die Sprache im Land selbst gelernt haben oder Muttersprachler.

Kauderwelsch-Sprachführer sind keine Lehrbücher, aber viel mehr als traditionelle Reisesprachführer. Wer ein wenig Zeit investiert, einige Vokabeln lernt und die Sprache im Land anwendet, wird **Türen öffnen,** ein Lächeln ins Gesicht zaubern und reichere Erfahrungen machen.

Talk to each other!

Kauderwelsch zum Anhören

Einzelne Sätze und Ausdrücke aus diesem Buch können Sie sich **kostenlos anhören.** Diese **Aussprachebeispiele** erreichen Sie über die im Buch abgedruckten QR-Codes oder diese Adresse: www.reise-know-how.de/kauderwelsch/055

Die Aussprachebeispiele im Buch sind Auszüge aus dem umfassenden Tonmaterial, das unter dem Titel **„Kauderwelsch AusspracheTrainer Estnisch"** separat erhältlich ist – als Download über Onlinehörbuch-Shops (ISBN 978-3-95852-032-5) oder als CD im Buchhandel (ISBN 978-3-8317-36164-7). Beide Versionen erhalten Sie auch über unsere Internetseite:

- **www.reise-know-how.de**

Alle Sätze, die Sie auf dem Aussprachetrainer hören können, sind in diesem Buch mit einem 👂 gekennzeichnet.

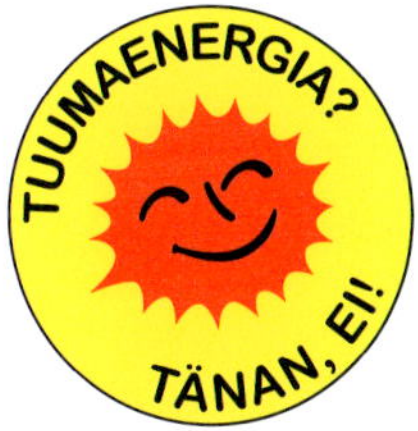

Inhalt

Tallinn, Blick vom Domberg auf die Unterstadt

Vorwort

Estland ist ein kleines Land (350 mal 240 km) mit 1,3 Millionen Einwohnern und liegt an der Ostsee, südlich des finnischen Meerbusens. Der Reiz dieses Landes liegt darin, dass es touristisch nie überfrachtet war, und das hat sich bis heute erhalten. Wollen Sie „Natur pur" erleben, das ganze Spektrum von Meer und Inseln, endlosen Wäldern, Hochmooren, Hügellandschaften, zahllosen Seen ... – dann sind Sie hier richtig. Die schönste Reisezeit ist Juli / August, denn hier entfaltet sich der Sommer im Eiltempo: Alles blüht und reift mit einem Schlage. Sie können natürlich auch einen klassischen nordischen Winter von Ende Oktober bis Ende April erleben. Die hügeligen Gegenden Südestlands eignen sich für einen herrlichen Winterurlaub.

Wer Estland und die Esten gerne näher kennen lernen möchte, sollte sich auch Grundkenntnisse der estnischen Sprache aneignen. Die wesentlichen Punkte der Grammatik werden hier knapp und übersichtlich erklärt, so dass man sich mit wenig Aufwand gut verständigen kann. Der Konversationsteil bietet die wichtigsten Sätze der Alltagskommunikation.

Viel Spaß beim Lernen und Sprechen in Estland!

Irja Grönholm

Hinweise zum Gebrauch

Natürlich kann man die Grammatik auch überspringen und sofort mit dem Konversationsteil beginnen. Wenn dann Fragen auftauchen, kann man immer noch in der Grammatik nachsehen.

Der Kauderwelsch-Band „Estnisch" ist in drei Hauptabschnitte gegliedert:

Die **Grammatik** beschränkt sich auf das Wesentliche und ist so einfach gehalten wie möglich. Deshalb sind auch nicht sämtliche Ausnahmen und Unregelmäßigkeiten der Sprache erklärt. Wer nach der Lektüre gerne noch tiefer in die Grammatik der estnischen Sprache eindringen möchte, findet im Anhang einige Literaturhinweise.

Im **Konversationsteil** finden Sie Sätze aus dem Alltagsgespräch, die Ihnen einen ersten Eindruck davon vermitteln sollen, wie die estnische Sprache „funktioniert", und die Sie auf das vorbereiten sollen, was Sie später in Estland hören werden.

Jede Sprache hat ein typisches Satzbaumuster. Um die sich vom Deutschen unterscheidende Wortfolge estnischer Sätze zu verstehen, ist die **Wort-für-Wort-Übersetzung** in *kursiver* Schrift gedacht. Jedem estnischen Wort entspricht ein deutsches Wort in der Wort-für-Wort-Übersetzung. Wird *ein* estnisches Wort im Deutschen durch *zwei* Wörter übersetzt, werden diese in der Wort-für-Wort-Übersetzung mit einem Bindestrich verbunden. Eine Zahl in der Wort-für-Wort-Übersetzung zeigt die „Nummer" des Falls an, in dem ein Wort gebeugt ist. Bei Verben ist in Klammern manchmal die Person ergänzt:

koju
nach-Hause
nach Hause

Kus sa elad?
wo du wohnst
Wo wohnst du?

Vabandage, palun!
entschuldigt(!) (ich-)bitte
Entschuldigen Sie, bitte!

Kas te räägite saksa / inglise keelt?
ob ihr sprecht deutsche / englische Sprache(3)
Sprechen Sie Deutsch / Englisch?

Die Befehlsform ist durch ein Ausrufezeichen in Klammern gekennzeichnet. Mehrere Wörter, die man in einem Satz untereinander austauschen kann, werden durch einen Schrägstrich voneinander getrennt.

Mit Hilfe der Wort-für-Wort-Übersetzung können Sie bald eigene Sätze bilden. Sie können die Beispielsätze als Fundus von Satzschablonen und -mustern benutzen, die Sie selbst Ihren Bedürfnissen anpassen. Um Ihnen das zu erleichtern, ist ein erheblicher Teil der Beispielsätze nach allgemeinen Kriterien geordnet. Mit einem kleinen bisschen Kreativität und Mut können Sie sich neue Sätze „zusammenbauen", auch wenn das Ergebnis nicht immer grammatikalisch perfekt ausfällt.

Die **Wörterlisten** am Ende des Buches helfen Ihnen dabei. Sie enthalten einen Grundwortschatz von je ca. 1000 Wörtern Deutsch-Estnisch und Estnisch-Deutsch.

Die **Umschlagklappe** hält die wichtigsten Sätze und Formulierungen stets parat. Aufgeklappt ist der Umschlag eine wesentliche Erleichterung, da die gewünschte Satzkonstruktion mit dem Vokabular aus den einzelnen Kapiteln kombiniert werden kann.

Seitenzahlen

Um Ihnen den Umgang mit den Zahlen zu erleichtern, wird auf jeder Seite die Seitenzahl auch auf Estnisch angegeben!

Land & Leute

Historisch Interessierte kommen in Estland auf ihre Kosten, wenn sie den Spuren der wechselvollen Geschichte folgen. Etwa 3000 v. Chr. siedelten sich hier finno-ugrische Jäger- und Fischerstämme an. Estland, das im Mittelalter zu Livland gehörte, war Zankapfel zwischen Schweden, Polen, Russland und dem Deutschen Orden, stand über 700 Jahre unter deutscher Vorherrschaft und ist von dieser langen historischen Etappe am stärksten geprägt. Von 1721 bis 1918 regierte der russische Zar, und von 1918 bis 1939 war Estland eine eigenständige Republik, die durch den Hitler-Stalin-Pakt 1940 zerschlagen wurde. Nach der langen und unerfreulichen Zugehörigkeit zur Sowjetunion ist Estland seit 1991 wieder eine selbständige Republik und seit 2004 EU-Land.

Zeugen der Geschichte sind alte Steingräber und Opfersteine, mittelalterliche Burgen und Kirchen sowie die Herrenhäuser (Gutshöfe) aus dem 18. Jahrhundert. Die Hauptstadt Tallinn ist eine alte Hansestadt, deren mittelalterlicher Stadtkern gut erhalten ist. Außer diesen prägen die typischen Holzhäuser der Wende vom 19. zum 20. Jahrhundert sowie die großzügigen Bauten aus den 1920er- und 1930er-Jahren – der wirtschaftlichen Blütezeit – das Bild der Stadt.

Historisch gewachsen ist auch die Mehrsprachigkeit der Bevölkerung, d. h. es wurde

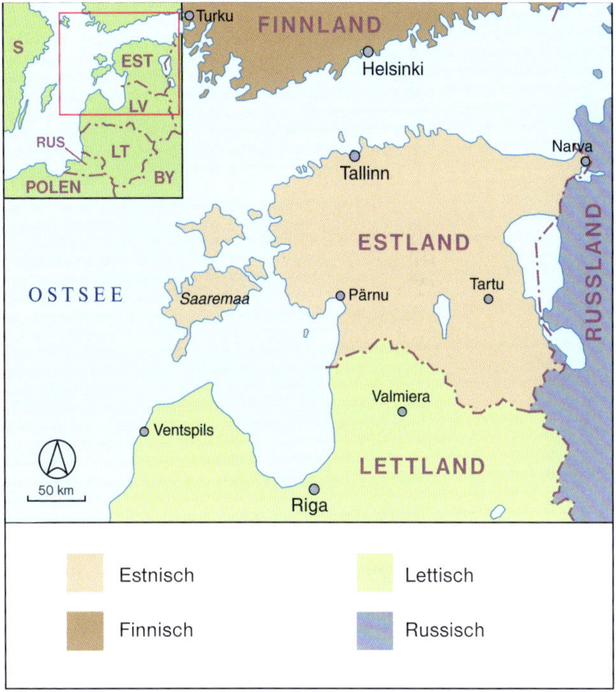

von jeher neben Estnisch auch Deutsch und Russisch gesprochen. Unter der Sowjetmacht verloren sich die Deutschkenntnisse teilweise. Aber fragt man ältere Leute auf der Straße nach dem Weg, wird Deutsch z. T. noch immer verstanden. Einige Orte kennt man noch unter ihren alten deutschen Namen. So heißt Tallinn auch Reval, und Tartu heißt Dorpat.

Zur Sprache

Estnisch gehört zur finno-ugrischen Sprachgruppe, ist also mit Finnisch und Ungarisch verwandt. Mit den baltischen Sprachen (Lettisch und Litauisch) oder dem Slawischen ist Estnisch dagegen nicht verwandt.

Die Sprache ist durch eine Vielzahl von Doppelbuchstaben (Selbstlaute wie auch Mitlaute) gekennzeichnet und gehört nicht gerade zu den leicht erlernbaren. Die grammatikalischen Beziehungen drücken sich vor allem in Nachsilben aus: Man hängt die Fallendungen und die Beziehungswörter (Fürwörter) einfach an.

Als „Fallen" erweisen sich oft die Wörter mit einem Stufenwechsel, bei denen sich, wenn sie gebeugt werden, bestimmte Mitlaute im Wortstamm ändern. Sie sollten sich aber nicht entmutigen lassen; denn Estnisch hat immerhin zwei Vorzüge: Es wird mit lateinischen Buchstaben geschrieben, und so ausgesprochen, wie es dasteht. Auch die Satzzeichen werden wie im Deutschen verwendet. Ein weiterer Vorteil sind die vielen „internationalen" Fremdwörter, wie z. B.:

Alkohol	**alkohol**	Information	**info**
Film	**film**	Kino	**kino**
Fotograf	**fotograaf**	Reisebüro	**reisibüroo**
Hygieneartikel	**hügieeniartikkel**	Theater	**teater**
		Wein	**vein**

Aussprache & Betonung

Das estnische Alphabet besteht aus 27 Buchstaben. In der Regel wird alles so ausgesprochen, wie es geschrieben wird. Lange Selbstlaute schreibt man mit Doppelbuchstaben, besonders harte Mitlaute ebenfalls.

Alphabet

a b d e f g h i j k l m n o p r s š z ž t u v õ ä ö ü

Selbstlaute (Vokale)

a	wie „a" in „L**a**nd": **raha** (Geld)
e	geschlossenes „e" wie in „L**e**ben", aber kurz: **elu** (Leben)
i	wie „i" in „W**i**nd": **hind** (Preis)
o	geschlossenes „o" wie in „l**o**ben", aber kurz: **odav** (billig)
u	wie „u" in „H**u**nd": **turg** (Markt)
ä	offener als im Deutschen, etwa wie „ä" in „M**ä**rz": **vähe** (wenig)
ö	wie „ö" in „**ö**stlich": **köha** (Husten)
õ	ein Laut, der zwischen „ö" und „e" liegt, etwa wie ein stark abgeschwächtes „ö": **kõrge** (hoch)
ü	wie „ü" in „H**ü**rde": **süda** (Herz)

Einzeln stehende Selbstlaute werden immer kurz ausgesprochen.

Verdoppelte Selbstlaute werden lang ausgesprochen.

aa wie „aa" in „S**aa**t":
maa (Land)

ee wie „ee" in „B**ee**t":
keema (kochen)

ii wie das lange „ie" in „L**ie**be":
pliiats (Bleistift)

oo wie langes „o" in „R**o**se":
kool (Schule)

uu wie langes „u" in „M**u**t":
suur (groß)

õõ kein eindeutiges deutsches Beispiel möglich, etwa wie langes „ö" in „h**ö**ren":
rõõm (Freude)

ää wie langes „ä" in „g**ä**ren":
käärid (Schere)

öö wie langes „ö" in „l**ö**sen":
lööma (schlagen)

üü wie langes „ü" in „M**ü**he":
müür (Mauer)

Doppelselbstlaute (Diphthonge)

Die Diphthonge spricht man zwar einzeln für sich aus, sie werden aber dennoch weich zusammengezogen.

ae „a" und „e" werden getrennt gesprochen (also nicht wie „ä"):
laev (Schiff)

au wie „au" in „**lau**t":
laud (Tisch)

ei „e" und „i" werden getrennt wie im engl. „**ei**ght" (acht) gesprochen (also nicht wie in dt. „ei" in „l**ei**se"): **leib** (Brot)

eu „e" und „u" werden weich und fließend nacheinander gesprochen (also nicht abgehackt: **Euroopa** (Europa)

Getrennt ausgesprochen werden Selbstlaute in zusammengesetzten Wörtern. So besteht etwa vanaisa (Großvater) aus vana (alt) und isa (Vater), also trennt man die Bestandteile auch in der Aussprache („vana-isa").

Stehen drei Selbstlaute nacheinander, muss man die Bedeutung des Wortes kennen, um zu wissen, ob eine getrennte Aussprache vonnöten ist (zusammengesetztes Wort) oder nicht. So spricht man riietus (Kleidung) wie „riije-tus" (kein zusammengesetztes Wort), und ebenso Teie (Anrede „Sie") wie „teije". Zusammengesetzt hingegen ist z. B. peaasi (Hauptsache), sprich: „pea-asi".

Mitlaute (Konsonanten)

Die meisten Mitlaute werden wie im Deutschen ausgesprochen. Grundsätzlich gilt: Es gibt im Estnischen keinen qualitativen Unterschied zwischen g und k, zwischen b und p, sowie zwischen d und t. Die Schriftzeichen g, b und d zeigen nur ein kurzes k, p bzw. t an, d. h. sie sind stimmlos wie k, p und t, aber nicht so lang und etwas „leichter". Auch ist das s immer stimmlos, tendiert allerdings in einigen Wörtern, z. B. isa (Vater), zum Stimmhaften.

f	wie „f" in „**F**oto" gesprochen, kommt nur in Fremdwörtern vor: **foto** (Foto)
g	wie ein schwaches „k": **nuga** (Messer)

h	im Estnischen wird das h stets hörbar ausgesprochen und dient nicht der Verlängerung eines Selbstlautes. Es wird entweder weich ausgesprochen wie in „**H**aus“, oder hart, ähnlich wie deutsch „ch“ in „ko**ch**en“: **ehitis** (Bauwerk), **koht** (Stelle)
j	wie „j“ in „**J**unge“: **jumal** (Gott)
r	immer Zungenspitzen-R wie im Italienischen: **raha** (Geld)
s	ist immer stimmlos wie in „Ma**s**t“: **sageli** (oft)
š	wie stimmloses „sch“ in „**Sch**okolade“, kommt nur in Fremdwörtern vor: **šokolaad** (Schokolade)
v	immer wie „w“ gesprochen, wie in „**W**asser“ oder in „**V**ase“: **vesi** (Wasser)
z	wie „s“ in „**S**eife“: **zooloogia** (Zoologie)
ž	stimmhaftes „sch“ wie zweites „g“ in „Gara**g**e“ oder „j“ in „**J**ournal“, kommt nur in Fremdwörtern vor: **garaaž** (Garage), **žilett** (Rasierklinge)

Ein „q“ gibt es im Estnischen nicht. Wörter, die im Deutschen mit „qu“ geschrieben werden, wie z. B. „Qualität“, werden im Estnischen mit kv geschrieben und auch so ausgesprochen, z. B. kvaliteet (Qualität).

Es gibt im Estnischen auch kein „sch“. In Fremdwörtern wird „sch“ mit š geschrieben, wenn man es stimmlos wie in „Schule“

spricht, z. B.: šakaal (Schakal), šabloon (Schablone), šamott (Schamotte). Fremdwörter mit stimmhaftem „sch“, z. B. „j“ in „Journalist), werden mit ž, seit einiger Zeit aber auch mit zh geschrieben: žurnalist bzw. zhurnalist (Journalist).

Betonung

Die Betonung liegt fast immer auf der ersten Silbe. Es gibt nur wenige Ausnahmen, und dabei handelt es sich stets um Fremdwörter. Diese werden dann auf der Silbe betont, die auch in der Originalsprache den Akzent trägt.

Groß- & Kleinschreibung

Die höfliche Anrede (Teie = Sie), Eigen- und Ortsnamen sowie der Satzanfang werden groß geschrieben. Alles andere schreibt man klein.

Hauptgebäude der Universität Tartu

Wörter, die weiterhelfen

Die Wörter, die in den nebenstehenden Satz eingesetzt werden, müssen im 3. Fall (Partitiv) gebeugt werden. Wenn einem das für den Anfang zu kompliziert ist, kann man die Wörter aus der Wörterliste im Anhang zur Not auch unverändert einsetzen. Dies entspricht zwar nicht der Grammatik, aber man wird trotzdem verstanden. Die Beugung kann man auf ganz korrekte Weise mit der nächsten Formulierung umgehen:

Für die folgenden Sätze und Floskeln brauchen Sie noch keine Grammatikkenntnisse.

Vabandage palun!
entschuldigt(!) (ich-)bitte
Entschuldigen Sie, bitte!

Kas Teil on... ? (Haben Sie ...? (+ 3.))

Kas Teil on vaba tuba?
ob bei-euch(8) ist frei Zimmer(3)
Haben Sie ein freies Zimmer?

õlut	Bier	**teed**	Tee
kohvi	Kaffee	**tuba**	Zimmer
sõiduplaani	Fahrplan	**linnaplaani**	Stadtplan
midagi süüa	etwas zu essen	**midagi juua**	etwas zu trinken

Kas siin on ... ? (Gibt es hier ...?)

Kas siin on arsti? *ob hier ist Arzt*	Gibt es hier einen Arzt?
Kas siin on turgu? *ob hier ist Markt*	Gibt es hier einen Markt?
Kas siin on hotelli? *ob hier ist Hotel*	Gibt es (hier) ein Hotel?

Jah, on.
ja (es-)ist
Ja, gibt es.

Ei ole.
nicht sein(St.)
Nein, gibt es nicht.

Kas siin sõidab mõni ...? (Fährt hier ...?)

Kas siin sõidab mõni buss?
ob hier fährt mancher Bus
Fährt hier ein Bus?

tramm	Straßenbahn
troll	Oberleitungsbus

Kus asub ...? (Wo gibt es / ist ...?)

Kus asub hotell?	Wo gibt es ein Hotel?
Kus asub taksopeatus?	Wo gibt es ein Taxi?
Kus asub postkontor?	Wo ist die Post?

Auch in diesen Satz kann man alle (sinnvollen) Wörter aus den Wörterlisten einsetzen, z. B.:

apteek	Apotheke	**motell**	Motel
raudteejaam	Bahnhof	**politsei**	Polizei
pank	Bank *(Geld)*	**restoran**	Restaurant
kämping	Campingplatz	**telefon**	Telefon
konsulaat	Konsulat	**tualett**	Toilette
haigla	Krankenhaus	**töökoda**	Werkstatt

Damit Sie nicht ausschließlich auf Gesten angewiesen sind, hier noch ein paar Orientierungshilfen:

Wörter, die weiterhelfen

siin	hier	**siia**	hierher
seal	dort	**sinna**	dorthin
paremal	rechts	**paremale**	nach rechts
vasakul	links	**vasakule**	nach links
otse(teed)	geradeaus	**tagasi**	zurück
valgusfoor	Ampel	**ristmik**	Kreuzung
edasi	weiter		

Ma tahaksin ... (Ich möchte ... (+ 3.))

Die Formulierung mit Ma tahaksin ... ist sehr wichtig. Auch hier muss man aber die Ergänzung im 3. Fall (Partitiv) beugen.

Ma tahaksin leiba.	Ich möchte ein Brot.
Ma tahaksin sõidupiletit.	Ich möchte eine Fahrkarte.
Ma tahaksin kirjamarki.	Ich möchte eine Briefmarke.

Kui palju maksab ...? (Wie viel kostet ...?)

Kui palju maksab tuba?	Wie viel kostet ein Zimmer?
Kui palju maksab õlu?	Wie viel kostet ein Bier?
Kui palju see maksab?	Wie viel kostet das?
wie viel dieses kostet	

Tänan!	Danke schön! *(als Antwort)*
Palun!	Bitte schön! *(als Antwort)*
Palun ...!	Bitte ...! *(als Aufforderung)*
Vabandust ...!	Entschuldigung ...!
Tänan, ei.	Nein danke.
Tänan, aga ...	Danke, aber ...
Tere!	Guten Tag!
Nägemist!	Auf Wiedersehen!
Hüvasti!	Tschüss!

Hauptwörter

Es gibt im Estnischen weder einen bestimmten noch unbestimmten Artikel (der / die / das, ein / eine), noch ein grammatisches Geschlecht (männlich, weiblich, sächlich).

Artikel & Geschlecht

poiss	Junge, ein Junge, der Junge
tüdruk	Mädchen, ein Mädchen, das Mädchen
õpetaja	(der) Lehrer, (die) Lehrerin

Vor allem Berufsbezeichnungen können stets auf zwei Arten übersetzt werden.

Um deutlich darauf hinzuweisen, dass es sich um eine Frau handelt, kann das im 2. Fall (Genitiv) gebeugte Wort um die Nachsilbe -tar oder -nna erweitert werden:

sõber	Freund, Freundin
sõbratar / sõbranna	Freundin

Eine andere Möglichkeit ist, dem Hauptwort mees- (männlich) bzw. nais- (weiblich) voranzustellen. Das funktioniert allerdings nur bei Hauptwörtern, die Personen bezeichnen.

meesõpetaja	(der) Lehrer
naisluuletaja	(die) Dichterin

Hauptwörter bilden

lugema	lesen	**lugemine**	das Lesen
töötama	arbeiten	**töötamine**	das Arbeiten

Aus Verben können Hauptwörter gebildet werden, indem man an den Stamm des Verbs die Endung -mine *hängt.*

Mehrzahl

Keine Bange! Da die Beugung im Estnischen ein unvermeidbares Thema ist, wird in den Wörterlisten der Genitiv immer zusätzlich angegeben.

Das Kennzeichen für die Mehrzahl (abgekürzt: *Mz*) lautet fast immer -d, -de oder -te. Allerdings wird es an einen Stamm des Hauptworts angehängt, der stets der gebeugten Genitiv-Form (Wesfall, 2. Fall) entspricht.

1. Fall Einzahl	2. Fall Einzahl	1. Fall Mehrzahl
raamat Buch	**raamatu** des Buches	**raamatud** Bücher
tuli Feuer	**tule** des Feuers	**tuled** Feuer, *Mz*
mets Wald	**metsa** des Waldes	**metsad** Wälder

Einige Hauptwörter kommen nur in der Mehrzahl vor, wie z. B. auch das deutsche Wort „Ferien“. Tätigkeits- und Eigenschaftswörter, die sich auf diese Hauptwörter beziehen, stehen dann also auch in der Mehrzahl.

käärid	Schere
prillid	Brille
püksid	Hose

Dieses & Jenes

Die hinweisenden Fürwörter werden in der Ein- und Mehrzahl gebeugt und richten sich dabei nach dem Hauptwort, auf das sie sich beziehen. In der nächsten Tabelle ist der 2. Fall Einzahl in Klammern ergänzt.

see (selle)	diese(r, -s)	**need (nende)**	diese *(Mz)*
too (tolle)	jene(r, -s)	**nood (nonde)**	jene *(Mz)*

Die hinweisenden Fürwörter stehen immer vor dem Hauptwort, auf das sie sich beziehen.

see mees
dieser Mann

need mehed
diese Männer

see naine
diese Frau

need naised
diese Frauen

Eigenschaftswörter

Eigenschaftswörter haben in der Einzahl (abgekürzt: *Ez*) keine besondere Endung. In der Mehrzahl und bei der Beugung richten sie sich jedoch nach dem dazugehörigen Hauptwort. Sie werden genauso wie Hauptwörter gebeugt und sind diesen vorangestellt.

väike linn
kleine Stadt

väiksed linnad
kleine Städte

wichtige Eigenschaftswörter

Leider kann man auch bei den Eigenschaftswörtern nicht auf die Beugung verzichten. Da der Genitivstamm Einzahl für die Beugung und für die Steigerung (vgl. Kap. „Steigern & Vergleichen“) wichtig ist, ist er in der folgenden Liste in Klammern ergänzt. „(=)“ bedeutet, dass der 2. Fall Einzahl mit dem normalen Eigenschaftswort identisch ist; ist nur eine Endung angegeben, wird diese angehängt, um den 2. Fall Einzahl zu bilden.

hea (=)	gut	**paha (=)**	schlecht
suur (-e)	groß	**väike (väikse)**	klein
kõrge (=)	hoch	**madal (-a)**	niedrig
soe (sooja)	warm	**külm (-a)**	kalt
kallis (kalli)	teuer	**odav (-a)**	billig
valge (=)	hell	**pime (-da)**	dunkel
magus (-a)	süß	**hapu (=)**	sauer
vana (=)	alt	**noor (-e); uus (uue)**	jung; neu
ilus (-a)	schön	**inetu (=)**	hässlich
pikk (pika)	lang	**lühike (-se)**	kurz
täis (täie)	voll	**tühi (tühja)**	leer
tark (targa)	klug	**loll (lolli)**	dumm
võõras (võõra)	fremd	**kena (=)**	nett

Farben

valge (=)	weiß	**hall (-i)**	grau
kollane (kollase)	gelb	**must (-a)**	schwarz
punane (punase)	rot	**kuldne (kuldse)**	golden
sinine (sinise)	blau	**hõbedane (hõbedase)**	silbern
roheline (rohelise)	grün	**kirju (=)**	bunt
pruun (-i)	braun		

Steigern & Vergleichen

Die 1. Steigerungsstufe (Komparativ) wird gebildet, indem die Endung -m an den 2. Fall Einzahl des Eigenschaftswortes angehängt wird.

Steigern

Grundstufe (= 1. Fall Ez.)	2. Fall Einzahl (= Stamm)	Komparativ
ilus (hübsch)	**ilusa**	**ilusam** (hübscher)
suur (groß)	**suure**	**suurem** (größer)

Einige Eigenschaftswörter, die im 2. Fall (Genitiv) zweisilbig sind und auf -a oder -u enden, ersetzen den zweiten Selbstlaut durch -e:

Grundstufe (= 1. Fall Ez.)	2. Fall Einzahl (= Stamm)	Komparativ
vana (alt)	**vana**	**vanem** (älter)
paks (dick)	**paksu**	**paksem** (dicker)

Daneben gibt es auch unregelmäßige Steigerungsformen:

hea	gut	**parem**	besser
palju	viel	**enam**	mehr

Beugt man die erste Steigerungsstufe weiter, geht man dabei vom 2. Fall Einzahl des Eigenschaftswortes aus und hängt daran -ma an. An diese Form werden dann die Endungen aller anderen Fälle angehängt.

Grundstufe	2. Fall Ez. + -ma...	Komparativ
noor (jung)	**noorema...**	**noorem** (jünger)

weitere Fälle:

nooremad (1. Fall Mz), **nooremat** (3. Fall Ez), **nooremaid** (3. Fall Mz), **nooremasse** (4. Fall Ez), **noorematesse** (4. Fall Mz) ...

Die 2. Steigerungsstufe (Superlativ) wird gebildet, indem man das unveränderliche kõige *(etwa: „am meisten“) vor den Komparativ stellt.*

Grundstufe	Komparativ	Superlativ
ilus	**ilusam**	**kõige ilusam**
schön	schöner	am schönsten
uus	**uuem**	**kõige uuem**
neu	neuer	am neusten
suur	**suurem**	**kõige suurem**
groß	größer	am größten

Vergleichen

Gleichheit in einer Eigenschaft drückt man mit nii ... kui oder sama ... kui (so ... wie) aus. „Als“ und „wie“ in Vergleichsausdrücken lautet kui.

Das lästige Problem des Deutschen, zwischen „als“ und „wie“ entscheiden zu müssen, entfällt im Estnischen also.

Isa on sama vana kui ema.
Vater ist ebenso alt wie Mutter
Vater ist so alt wie Mutter.

Ema on vanem kui isa.
Mutter ist älter als Vater
Mutter ist älter als Vater.

Persönliche Fürwörter

In der Tabelle stehen die stark betonten Langformen und die weit häufiger verwendeten Kurzformen der Fürwörter. Das sächliche „es“ gibt man auch mit dem eigentlich hinweisenden Fürwort see (dieser, -e, -es) wieder.

mina / ma	ich	**meie / me**	wir
sina / sa	du	**teie / te; Teie / Te**	ihr; Sie
tema / ta	er, sie, es	**nemad / nad**	sie

Im Gegensatz zum Deutschen ist es nicht grundsätzlich erforderlich, zusammen mit dem personengebeugten Verb (Tätigkeitswort) auch noch die persönlichen Fürwörter zu nennen (d. h. auch nicht die Kurzformen). Das Verb reicht aus. Die Höflichkeitsform ist mit der 2. Person Mehrzahl („ihr") identisch.

Besitzanzeigende Fürwörter

Die besitzanzeigenden Fürwörter entsprechen den im 2. Fall Einzahl (Genitiv) gebeugten persönlichen Fürwörtern. In Klammern stehen die umgangssprachlichen Formen:

Anders als die Kurzformen der persönlichen Fürwörter sind diese Kurzformen aber deutlich umgangssprachlich und daher für Anfänger eher nicht zu empfehlen. Sie sollten aber in der Lage sein, sie zu erkennen.

minu (mu)	mein	**meie (me)**	unser
sinu (su)	dein	**teie (te); Teie (Te)**	euer (Ihr)
tema (ta)	sein, ihr	**nende**	ihr

Das besitzanzeigende Fürwort steht immer vor dem Hauptwort, auf das es sich bezieht. Bei einer Zusammenstellung mit diesem ist es unveränderlich, auch wenn das Hauptwort gebeugt ist oder in der Mehrzahl steht:

minu raamat
mein Buch

minu raamatud
meine Bücher

meie raamat
unser Buch

meie raamatud
unsere Bücher

Tätigkeitswörter

Die Grundform (Infinitiv) besteht aus dem Stamm und der Endung -ma.

die zwei Grundformen (*ma-* & *da*-Infinitiv)

In bestimmten Satzzusammenhängen kann die Grundform aber auch die Endung -da erhalten (s. weiter unten). Die Bedeutung des Wortes ändert sich jedoch dadurch nicht.

küsima / küsida	fragen
naerma / naerda	lachen
elama / elada	leben
saama / saada	bekommen

Gegenwart

Für die Angabe der Person werden an den Stamm des ma-Infinitivs die Endungen aus folgender Tabelle angehängt. Für die höfliche Anrede („Sie“) wählt man dieselbe Endung wie für die 2. Person Mehrzahl („ihr“).

Einzahl		**Mehrzahl**	
ich	**-n**	wir	**-me**
du	**-d**	ihr; Sie	**-te**
er, sie, es	**-b**	sie *(Mz.)*	**-vad**

Hier das Beugungsmuster der Gegenwart am Beispiel sööma *(essen).*

sööma		**essen**	
ma söön	ich esse	**me sööme**	wir essen
sa sööd	du isst	**te sööte**	ihr esst
ta sööb	er / sie / es isst	**nad söövad**	sie essen

Vergangenheit

Das Kennzeichen für die einfache Vergangenheit, die hier vorgestellt werden soll, ist (bis auf wenige Ausnahmen) -si-, das an den Stamm des Infinitivs gehängt wird. Daran werden noch die Endungen für die Personen angehängt, die im wesentlichen mit denen für die Gegenwart identisch sind.

Für die 3. Person Einzahl („er, sie, es") wird jedoch nur -s an den Stamm des Infinitivs gehängt. Endet der Stamm auf einen Mitlaut, lautet die Endung -is. Die 2. Person Einzahl („du") und 3. Person Mehrzahl („sie") sind identisch.

Es gibt drei verschiedene grammatische Zeitstufen für die Vergangenheit: vollendete Gegenwart (z. B. „ich bin gegangen"), einfache Vergangenheit (z. B. „ich ging") und die vollendete Vergangenheit (z. B. „ich war gegangen").

Einzahl		**Mehrzahl**	
ich	**-sin**	wir	**-sime**
du	**-sid**	ihr; Sie	**-site**
er, sie, es	**-s / -is**	sie *(Mz.)*	**-sid**

kirjutama	**schreiben**
ma kirjutasin	ich schrieb
sa kirjutasid	du schriebst
ta kirjutas	er / sie / es schrieb
me kirjutasime	wir schrieben
te kirjutasite	ihr schriebt
nad kirjutasid	sie schrieben

Hier das Beugungsmuster am Beispiel kirjutama *(schreiben). Die persönlichen Fürwörter können weggelassen werden, wenn die gebeugte Verbform eindeutig ist.*

Die vollendete Gegenwart und Vergangenheit werden mit dem Hilfsverb olema (sein) und dem Partizip II (Mittelwort der Vergangenheit) gebildet (vgl. Kap. „Vollendete Gegenwart & Vergangenheit").

Zukunft

Eine Zukunftsform gibt es im Estnischen nicht. Wenn man ausdrücken möchte, dass etwas in der Zukunft geschieht, dann verwendet man eine eindeutige Zeitbestimmung.

Ma sõidan homme koju.
ich fahre morgen nach-Hause
Ich fahre morgen nach Hause.

Ma tulen homme.
ich komme morgen
Ich komme morgen.

Modalverben

Konstruktionen mit Modalverben funktionieren genauso wie im Deutschen. Nur die Modalverben werden dabei gebeugt, das bedeutungstragende Verb bleibt in der Infinitivform.

	ma-Infinitiv	da-Infinitiv
wollen, mögen	**tahtma**	**tahta**
sollen, müssen	**pidama**	**pidada**
dürfen	**tohtima**	**tohtida**
können	**oskama, suutma**	**osata, suuta**

ma-Infinitiv & *da*-Infinitiv

Darüber hinaus muss man im Estnischen beachten, dass nach Modalverben zwei verschiedene Infinitive (Grundformen) stehen können, und zwar der so genannte ma-Infinitiv und der da-Infinitiv, benannt nach den jeweiligen Endungen -ma und -da (bzw. -ta).

	ma-Infinitiv	da-Infinitiv
benutzen	**kasutama**	**kasutada**
lesen	**lugema**	**lugeda**
fahren	**sõitma**	**sõita**
kaufen	**ostma**	**osta**

Der Infinitiv auf -ma steht nach modalen und sonstigen Hilfsverben, die einen Beginn, eine Bewegung oder eine Verpflichtung ausdrücken. Auch steht er nach Eigenschafts- und Umstandswörtern, die ein Vermögen oder eine Bereitschaft ausdrücken.

Die ursprüngliche Bedeutung dieser Form war so etwas wie „ins Lernen / Schreiben / Essen hinein". Darin kann man noch immer gewissermaßen einen gemeinsamen Nenner der heutigen Verwendungen erkennen.

Ma pean õppima. **Ma hakkan kirjutama.**
Ich muss lernen. Ich fange zu schreiben an.

Ma tulen sööma.
Ich komme essen.

Der Infinitiv auf -da steht hingegen in der Regel nach Verben und Eigenschaftswörtern, die Willen, Fähigkeit, Fühlen, Denken oder Streben ausdrücken, also vor allem nach den Modalverben „wollen", „dürfen", „können":

Leider gibt es auch unregelmäßige da-*Infinitive, sie sind in den Wörterlisten im Anhang jedoch immer angegeben.*

Ma tahan lugeda.
Ich will / möchte lesen.

Ma tahan seepi osta.
ich (ich-)will Seife(3) kaufen
Ich will / möchte Seife kaufen.

Ma oskan jalgrattaga sõita.
ich (ich-)kann Fahrrad(14) fahren
Ich kann Fahrrad fahren.

Linnas on raske elada.
Stadt(5) (es-)ist schwer leben
In der Stadt ist es schwer zu leben.

Liste wichtiger Verben

	Grundform: ma- (da-)Infinitiv	Gegenwart: „ich ..."	Vergangenh.: „ich ..."
ankommen	saabuma (saabuda)	saabun	saabusin
anrufen	helistama (helistada)	helistan	helistasin
beginnen	hakkama (hakata)	hakkan	hakkasin
bekommen	saama (saada)	saan	sain
bezahlen	maksma (maksta)	maksan	maksin
bitten	paluma (paluda)	palun	palusin
danken	tänama (tänada)	tänan	tänasin
erklären	seletama (seletada)	seletan	seletasin
fahren	sõitma (sõita)	sõidan	sõitsin
fragen	küsima (küsida)	küsin	küsisin
geben	andma (anda)	annan	andsin
gehen	minema (minna)*	lähen	läksin
holen	tooma (tuua)	toon	tõin
hören	kuulama (kuulata)	kuulan	kuulasin
kaufen	ostma (osta)	ostan	ostsin
kennen	tundma (tunda)	tunnen	tundsin
kommen	tulema (tulla)	tulen	tulin
machen, tun	tegema (teha)	teen	tegin
nehmen	võtma (võtta)	võtan	võtsin
sagen	ütlema (ütelda)	ütlen	ütlesin
sehen	nägema (näha)	näen	nägin
sein	olema (olla)	olen	olin
setzen, stellen	panema (panna)	panen	panin
suchen	otsima (otsida)	otsin	otsisin
trinken	jooma (juua)	joon	jõin
verstehen	aru saama (saada)	saan aru	sain aru
warten	ootama (oodata)	ootan	ootasin
wissen	teadma (teada)	tean	teadsin
zeigen	näitama (näidata)	näitan	näitasin

* *Achtung:* minema / minna *(gehen) gibt es nur in der Grundform, die gebeugten Formen lauten wie in der Tabelle angegeben!*

Das Partizip II

Das Partizip II (Mittelwort der Vergangenheit; z. B. „gemacht", „gesagt") kommt im Estnischen in zweifacher Form vor. Die beiden Varianten werden jedoch unterschiedlich verwendet. Mit der Endung -tud bzw. -dud bildet man gewissermaßen Eigenschaftswörter mit Passiv-Bedeutung, die z. B. als Ergänzung zum Hilfsverb olema (sein) stehen können. Die andere Variante endet auf -nud. Dieses Partizip ist für die Bildung von bestimmten Verbformen wichtig, vor allem bei den zusammengesetzten Zeitstufen und generell bei der Verneinung (s. dort).

Verben mit Stufenwechsel stehen dabei stets in der schwachen Stufe. -tud *wird meist an den Stamm des* da-*Infinitivs angehängt.* -dud *steht nur nach langem Selbstlaut und Diphthong sowie* -l, -n *und* -r.

ma-Infinitiv	da-Infinitiv	Part. II -tud	Part. II -nud	
maksma	**maksta**	**makstud**	**maksnud**	bezahlt
teadma	**teada**	**teatud**	**teadnud**	gewusst
tegema	**teha**	**tehtud**	**teinud**	gemacht
kirjutama	**kirjutada**	**kirjutatud**	**kirjutanud**	geschrieben
saama	**saada**	**saadud**	**saanud**	bekommen
kõnelema	**kõnelda**	**kõneldud**	**kõnelnud**	gesprochen
panema	**panna**	**pandud**	**pannud**	gestellt
jooma	**juua**	**joodud**	**joonud**	getrunken
võima	**võida**	**võidud**	**võinud**	gekonnt
müüma	**müüa**	**müüdud**	**müünud**	verkauft
saatma	**saata**	**saadetud**	**saatnud**	geschickt

Kas arve on juba ära makstud?
ob Rechnung ist schon weg bezahlt
Ist die Rechnung schon bezahlt?

Nei, ma ei ole seda veel ära maksnud.
nein ich nicht sein(St) sie(3) noch weg bezahlt
Nein, ich habe sie noch nicht bezahlt.

Verneinung

In der Gegenwart wird zur Verneinung dem Verbstamm ei (nicht) vorangestellt. Die richtige Form des Verbstamms erhält man, indem man vom gebeugten Verb in der 1. Person Einzahl („ich …") die Endung -n wegstreicht.

Verneinung in der Gegenwart

Die Abkürzung „St." (für „Stamm") zeigt an, dass es sich hier nicht um den vollständigen Infinitiv handelt.

ma otsin	**ma ei otsi**	*ich nicht suchen(St.)*
ich suche	ich suche nicht	
sa otsid	**sa ei otsi**	*du nicht suchen(St.)*
du suchst	du suchst nicht	

Verneinung in der einfachen Vergangenheit

In der Vergangenheit stellt man ei (nicht) dem Partizip II in der Variante auf -nud voran.

ma andsin	**ma ei andnud**	ich gab nicht
ich gab	*ich nicht gegeben*	
sa andsid	**sa ei andnud**	du gabst nicht
du gabst	*du nicht gegeben*	

besondere Verneinungswörter

ei keegi	niemand
ei kunagi	nie(mals)
üldse mitte	überhaupt nicht
ei midagi	nichts
veel mitte kunagi	noch nie
ei kuskil	nirgends

Ma ei näinud kedagi.
ich nicht gesehen jemand(3)
Ich habe niemanden gesehen.

Ma ei ole veel midagi söönud.
ich nicht sein(St) noch etwas gegessen
Ich habe noch nichts gegessen.

Ma ei ole seal kunagi olnud.
ich nicht sein(St) dort irgendwann gewesen
Ich war noch nie dort.

Ma ei näinud teda kuskil.
ich nicht gesehen ihn(3) irgendwo
Ich habe ihn nirgends gesehen.

Hinweisende und persönliche Fürwörter, Hauptwörter, Verben und Eigenschaftswörter können mit mitte (nicht) verneint werden. Dieses Wörtchen mitte kann zur besonderen Betonung auch in normalen verneinten Aussagesätzen zusätzlich vor den zu verneinenden Gegenstand treten. Dabei führt die doppelte Verneinung aber nicht zur Bejahung.

mitte siin	nicht hier
mitte mina, vaid sina	nicht ich, sondern du
mitte süüa, vaid juua	nicht essen, sondern trinken
mitte see auto, vaid too	nicht dieses Auto, sondern jenes
mitte kollane, vaid sinine	nicht gelb, sondern blau

Satzergänzungen (Objekte) in verneinten Sätzen stehen immer im 3. Fall (Partitiv, s. das Kap. „Die 14 Fälle"):

Ma ei võtnud raamatut.
Ich nahm das Buch nicht.

Zur Verneinung der vollendeten Zeiten s. das Kap. „Vollendete Gegenwart & Vergangenheit".

Haupt- und Eigenschaftswörter kann man wie im Deutschen durch Vor- oder Nachsilben ins Negative verkehren.

Die Vorsilbe eba- ist mit der deutschen Vorsilbe „un- (Un-)“ vergleichbar:

õnn	Glück	**ebaõnn**	Unglück
selgus	Klarheit	**ebaselgus**	Unklarheit
kindel	sicher	**ebakindel**	unsicher
täpne	genau	**ebatäpne**	ungenau

Die Nachsilbe -tu ist mit der deutschen Nachsilbe „-los“ vergleichbar:

kaitse	Schutz	**kaitsetu**	schutzlos
rahu	Ruhe	**rahutu**	ruhelos
tunne	Gefühl	**tundetu**	gefühllos

Sein & Haben

Das Verb olema (sein) ist auch im Estnischen ein Hilfsverb.

sein

Da das Verb olema (sein) einige Unregelmäßigkeiten hat, hier seine vollständige Beugung in Gegenwart und Vergangenheit:

Gegenwart		**Vergangenheit**	
mina olen	ich bin	**mina olin**	ich war
sina oled	du bist	**sina olid**	du warst
tema on	er / sie ist	**tema oli**	er / sie war
meie oleme	wir sind	**meie olime**	wir waren
teie olete	ihr seid	**teie olite**	ihr wart
nemad on	sie sind	**nemad olid**	sie waren

Verneint man olema in der Gegenwart, verwendet man, wie im Kap. „Verneinung" beschrieben, für alle Personen unverändert den Verbstamm ole. In der einfachen Vergangenheit verwendet man hingegen die Variante des Partizips II olnud. Verneinungswort ist ei (nicht). Das verneinte olema (sein) wird in der Umgangssprache oft wie folgt verkürzt:

ma ei ole *ich nicht sein(St.)*	ich bin nicht	→	**ma pole**
sa ei ole *du nicht sein(St.)*	du bist nicht	→	**sa pole** *(usw.)*
ma ei olnud *ich nicht gewesen*	ich war nicht	→	**ma polnud**
sa ei olnud *du nicht gewesen*	du warst nicht	→	**sa polnud** *(usw.)*

haben (besitzen)

Für das deutsche Hilfsverb „haben" gibt es im Estnischen kein eigenes Wort. Um „haben" mit der Bedeutung „besitzen" auszudrücken, wählt man folgende Konstruktion: olema (sein) wird unverändert in der 3. Person Einzahl verwendet (on „ist"), der „Besitzer" selbst (Name oder persönliches Fürwort) wird im 8. Fall (Adessiv) gebeugt (vgl. Kap. „Wessen? Wem? Wen? ..." und „Die 14 Fälle").

Mul on võti / võtmed.
bei-mir(8) ist Schlüssel / Schlüssel(Mz)
Ich habe den / die Schlüssel.

Maimul on sõidupilet / sõidupiletid.
bei-Maimu(8) ist Fahrkarte / Fahrkarten
Maimu hat die Fahrkarte(n).

Matil ei ole raha.
bei-Mati(8) nicht sein(St.) Geld
Mati hat (besitzt) kein Geld.

Maril ei ole aega.
bei-Mari(8) nicht sein(St.) Zeit
Mari hat keine Zeit.

mul on	ich habe	**meil on**	wir haben
sul on	du hast	**teil on**	ihr habt
tal on	er / sie / es hat	**neil on**	sie haben

Für die Vergangenheit wählt man dementsprechend oli *(war). Bei der Verneinung wählt man das Partizip auf* -nud.

Sul oli võti.
bei-dir(8) war Schlüssel
Du hattest den Schlüssel.

Mul ei olnud aega.
bei-mir(8) nicht gewesen Zeit
Ich hatte keine Zeit.

Viljandi, Blick von der Ordensburg auf den See

Vollendete Gegenwart & Vergangenheit

Die vollendete Gegenwart (Perfekt, z. B. „ich bin gegangen", „ich habe gekauft") wird wie im Deutschen mit dem Hilfsverb olema (sein) und dem Partizip II auf -nud gebildet.

vollendete Gegenwart

ma olen läinud *ich bin gegangen*	ich bin gegangen
sa oled läinud *du bist gegangen*	du bist gegangen
ta on läinud *er/sie ist gegangen*	er / sie ist gegangen *(usw.)*
ma olen ostnud *ich bin gekauft*	ich habe gekauft
sa oled ostnud *du bist gekauft*	du hast gekauft
ta on ostnud *er/sie ist gekauft*	er / sie hat gekauft *(usw.)*

Auch dort, wo man im Deutschen das Hilfsverb „haben" benötigt, verwendet man im Estnischen nur olema.

Für die Verneinung verwendet man ei ole („nicht sein*(St.)*") und das nud-Partizip:

ma ei ole läinud *ich nicht sein(St.) gegangen*	ich bin nicht gegangen
sa ei ole läinud *du nicht sein(St.) gegangen*	du bist nicht gegangen
ma ei ole ostnud *ich nicht sein(St.) gekauft*	ich habe nicht gekauft
sa ei ole ostnud *du nicht sein(St.) gekauft*	du hast nicht gekauft

vollendete Vergangenheit

Die vollendete Vergangenheit wird genauso gebildet wie die vollendete Gegenwart, nur dass olema *(sein) logischerweise in der Vergangenheit gebeugt wird.*

ma olin läinud *ich war gegangen*	ich war gegangen
sa olid läinud *du warst gegangen*	du warst gegangen *(usw.)*
ma olin ostnud *ich war gekauft*	ich hatte gekauft
sa olid ostnud *du warst gekauft*	du hattest gekauft *(usw.)*

Die Verneinung funktioniert wiederum wie in der vollendeten Gegenwart:

ma ei olnud läinud *ich nicht gewesen gegangen*	ich war nicht gegangen
sa ei olnud läinud *du nicht gewesen gegangen*	du warst nicht gegangen
ma ei olnud ostnud *ich nicht gewesen gekauft*	ich hatte nicht gekauft
sa ei olnud ostnud *du nicht gewesen gekauft*	du hattest nicht gekauft

Auffordern & Befehlen

Die Befehlsform, die sich an eine einzelne Person richtet (z. B. „geh!", „nimm!"), wird gebildet, indem man von der 1. Person Einzahl die Endung -n wegstreicht.

Für alle anderen Befehlsformen (z. B. „geht!, lasst uns gehen!" usw.) hängt man an den Stamm des da-Infinitivs die Endungen -gu, -gem, -ge bzw. -ku, -kem, -ke an. Hat der da-Infinitiv die tatsächliche Endung -da, wird die Befehlsform mit -g- gebildet, endet er jedoch auf -ta, enthält die Befehlsform ein -k-.

kirjutama, kirjutada	schreiben
kirjuta!	schreib!
kirjutagu!	schreibe er / sie!, er / sie soll schreiben!
kirjutagem!	lasst uns schreiben!
kirjutage!	schreibt! / schreiben Sie!
kirjutagu!	sollen sie schreiben!
ootama, oodata	warten
oota!	warte!
oodaku!	warte er / sie!
oodakem!	lasst uns warten!
oodake!	wartet! / warten Sie!
oodaku!	sollen sie warten!

Die Befehlsformen des Hilfsverbs olema (sein) lauten:

ole!	sei!
olgu!	sei es! (= Schon gut!)
olgem!	lasst uns sein! seien wir!
olge!	seid! seien Sie!
olgu!	seien sie! mögen sie sein!

Die Verneinung der Befehlsform (Verbot) erfolgt mit einem besonderen Verneinungsverb, das der Befehlsform vorangestellt wird. Dieses Verneinungsverb hat (bis auf den Befehl in der Einzahl) dieselben Endungen wie die Befehlsform selber.

Satzergänzungen (Objekte) in positiven (also nicht verneinten) Befehlssätzen stehen im 1. Fall (Nominativ), wenn es sich um „vollständig betroffene" Objekte handelt (in positiven Aussagesätzen stehen diese in der Einzahl im 2. Fall, vgl. Kap. „Die 14 Fälle", dort auch eine Erklärung zu den Fachbegriffen). „Teilweise betroffene" Objekte stehen wie üblich im 3. Fall (Partitiv).

Võta raamat! *(1. Fall)*
Nimm das Buch!

Loe raamatut! *(3. Fall)*
Lies im Buch!
(aber nicht das Buch bis zum Ende lesen)

Bei verneinten Befehlssätzen stehen Objekte immer im 3. Fall:

Ärä võta raamatut!
Nimm das Buch nicht!

ära küsi!	frag nicht!
ärgu küsigu!	frage er / sie nicht!
ärgem küsigem!	lasst uns nicht fragen!
ärge küsige!	fragt nicht! / fragen Sie nicht!
ärgu küsigu!	mögen sie nicht fragen!

Bindewörter

Bindewörter (Konjunktionen) sind wie im Deutschen unveränderlich und verbinden einzelne Wörter, Wortgruppen oder Sätze. Sie werden wie im Deutschen verwendet.

ja, ning	und, sowie
ka	auch
nii ... kui ka	sowohl ... als auch
mitte ainult ... vaid ka	nicht nur ... sondern auch
ei ... ega	weder ... noch
ehk	oder, das heißt, bzw.
või	oder
ega	und ... nicht
kas ... või	entweder ... oder
aga, kuid	aber
ent	aber, doch
vaid	sondern
ometi	doch
siiski, ikkagi	dennoch
ehkki, kuigi	obwohl
niisiis, järelikult	folglich, also
sellegipoolest	trotzdem
seega	also

nii et	so dass
sest	weil, da, denn
nimelt	und zwar
sellepärast	deswegen
sellepärast et, sest et, sest	weil, da, denn
seetõttu	darum, deswegen
kuna	weil, da, während
selleks et	damit, um (zu)
et	dass, damit, um (zu)
kui, kuivõrd	wie *(Vergl.)*
nagu	wie, sowie
kui	wenn, als *(zeitl.)*
enne kui	ehe, bevor
seni kui	solange bis
niipea kui	sobald
kuni	bis
pärast seda kui	nachdem

Ma läksin Eestisse,
et sõpru / sugulasi külastada.
ich ging Estland-nach(4)
dass Freunde(3) / Verwandte(3) besuchen
Ich bin nach Estland gefahren,
um Freunde / Verwandte zu besuchen.

Enne, kui ma koju sõidan, tulen ma veel kord Teile / sulle külla.
bevor als ich nach-Hause fahre, komme ich nochmal Ihr(7) / du(7) zu-Besuch
Bevor ich nach Hause fahre, besuche ich Sie / dich noch einmal.

Bezügliche Fürwörter (Relativpronomen, z. B. „welcher, welche, welches"; „der, die, das"), beziehen sich auf das vorangegangene Hauptwort. Das Estnische unterscheidet nur zwei; allerdings werden sie gebeugt. In Klammern steht hier der Genitiv Einzahl und Mehrzahl.

kes (kelle, kellede)	welche(r, -s) *(f. Personen)*
mis (mille, millede)	welche(r, -s) *(f. Dinge)*

Ants, kes mind aitas, on juba läinud.
Ants welcher mich(3) (er-)half (er-)ist schon gegangen
Ants, der mir geholfen hat, ist schon gegangen.

Raamat, mis sulle meeldib, on läbi müüdud.
Buch welches dir(7) (es-)gefällt (es-)ist aus verkauft
Das Buch, das dir gefällt, ist ausverkauft.

Umstandswörter

Die meisten Eigenschaftswörter kann man zu einem Umstandswort (Adverb, abgekürzt: *Adv.*) machen, indem man an seinen Genitiv (2. Fall) die Endung -sti oder -lt anhängt. Ein- und zweisilbige Wörter haben eher die Endung -sti. In einigen Fällen kann man das Umstandswort auch auf beide Arten (also mit -sti und mit -lt) bilden. Das Umstandswort hästi (gut) ist eine Ausnahme.

Bildung von abgeleiteten Umstandswörtern

Eigenschaftswort	2. Fall	Umstandswort
kõva (hart)	**kõva**	**kõvasti**
ilus (schön)	**ilusa**	**ilusasti**
halb (schlecht)	**halva**	**halvasti**
vaikne (still)	**vaikse**	**vaikselt**
lõbus (lustig)	**lõbusa**	**lõbusalt**
hea (gut)	**hea**	**hästi**

hea söök
gutes Essen
ein gutes Essen

Teie räägite hästi saksa keelt.
ihr sprecht gut(Adv) deutsche Sprache(3)
Sie sprechen gut Deutsch.

lõbus pidu
fröhlich Feier
eine fröhliche Feier

Meil oli eile lõbus pidu.
bei-uns(8) war gestern fröhlich Feier
Wir hatten gestern eine fröhliche Feier.

nicht abgeleitete Umstandswörter

igatahes	auf jeden Fall
ärevil	aufgeregt
ometi	doch
samuti	ebenfalls
otse	gerade(zu)
vaevalt	kaum

käsitsi	mit der Hand
muidugi	natürlich, selbstverständlich
õieti	eigentlich, erst recht
ruttu	schnell
istukil	sitzend
isegi	sogar, selbst
täiesti	völlig, ganz und gar
tõesti	wirklich
küllap, vist, küllap vist	wahrscheinlich, wohl
küll	wohl, schon
jala, jalgsi	zu Fuß

Umstandswörter des Ortes

In Klammern stehen die Richtungsfälle (woher / wohin). Sie werden nicht gebeugt.

seal	dort	**siin**	hier
sinna	dahin, dorthin	**siia**	hierher
sealt	von dort	**siit**	von hier
kodus	zu Hause	**kuskil**	irgendwo
koju	nach Hause	**kuskile**	irgendwohin
kodunt	von zu Hause	**kuskilt**	irgendwoher
all	unten	**üleval, ülal**	oben
ees(pool)	vorne, vor(aus)	**taga(pool)**	hinten
eemal, kaugel	(weit) entfernt	**lähedal**	nahe

Weitere Umstandswörter findet man im Kapitel „Maße & Mengenangaben“ sowie im Kapitel „Uhrzeit & Datum“.

Die 14 Fälle

Das estnische Fallsystem unterscheidet sich grundsätzlich vom deutschen. Es gibt im Estnischen 14 Fälle. Die meisten davon werden aber regelmäßig gebildet und sind leicht zu handhaben: Sie entsprechen nämlich vielfach den deutschen Verhältniswörtern.

Deutlich schwieriger sind aber Bildung und Verwendung der für die Satzergänzung (Objekt, im Deutschen: Akkusativ) zuständigen Fälle Genitiv (2. Fall) und Partitiv (3. Fall). Der Genitiv Einzahl ist im Estnischen die Ausgangsform für die Bildung aller weiteren Fälle. Leider muss er vokabelmäßig gelernt werden, weswegen er in den Wörterlisten immer mitangegeben ist. Der estnische Genitiv ist nicht nur der Fall des Besitzers (wessen?), sondern drückt in positiven (d. h. nicht verneinten) Aussagesätzen auch das Objekt aus (wen oder was?), sofern dieses von der Handlung „vollständig betroffen" ist und in der Einzahl steht (Mehrzahl-Objekte stehen im Nominativ). „Vollständig betroffene" Objekte stehen im Deutschen oft mit dem bestimmten Artikel, das Verb bezeichnet oft eine abgeschlossene Handlung. „Teilweise betroffene" Objekte sind vielfach Teilmengen („ich kaufe Brot = *etwas* Brot") oder stehen bei noch nicht abgeschlossenen Verbhandlungen. Hier benötigt man den ebenfalls unregelmäßig gebildeten Partitiv, den es im Deutschen nicht gibt.

Für Befehlssätze gelten teilweise andere Regeln.

Ma võtsin raamatu. *(2. F.)*
Ich nahm das Buch.

Ma võtsin raamatud. *(1. F.)*
Ich nahm die Bücher.

Ma sõin leiba. *(3. F.)*
Ich aß Brot.
(= nur einen Teil davon bzw. unbestimmte Menge)

Persönliche Fürwörter der 1. / 2. Person stehen als Objekt immer im 3. Fall.

Objekte in verneinten Sätzen gelten stets als „teilweise betroffen". „Dativ"-Objekte (wem?) stehen im 7. Fall.

Die 14 Fälle

Fall-Nr.	Ez	Mz	Bedeutung	Fragen		Antwort (Beispiel)	
1. **Nominativ**	keine best.	**-d** u. a.	Satzgegenstand (Subjekt)	**kes?** **mis?**	wer? was?	**mina** **maja**	ich Haus
2. **Genitiv**	Stamm, auf Selbst-laut)	**-te,** **-de**	sowohl Besitzer (Wesfall) als auch Satzergänzung (Objekt): entspricht dann einem Akkusativ (Wenfall)	**kelle?** **mille?**	wessen? wessen?	**minu** **hotelli**	mein des Hotels
3. **Partitiv**	**-t,** **-d** *u. a.*	**-it,** **-id** *u.a.*	Teilobjekt (ebenfalls wie Wenfall), unbestimmte Menge (z. T. auch Subjekt)	**keda?** **mida?** **kui palju?**	wen? was? wie viel?	**mind** **leiba** **kaks aastat**	mich Brot zwei Jahre
4. **Illativ**	**-sse**	**-tesse,** **-desse**	innerer örtlicher Fall der Richtung: in einen geschlossenen Raum hinein	**kellesse?** **millesse?** **kuhu?**	in wen? in was? wohin?	**sinusse** **raamatusse** **muuseumisse**	in dich ins Buch ins Museum
5. **Inessiv**	**-s**	**-tes,** **-des**	innerer örtlicher Fall der Ruhelage: in einem geschlossenen Raum	**kelles?** **milles?** **kus?**	in wem? worin? wo?	**sinus** **hotellis** **linnas**	in dir im Hotel in der Stadt
6. **Elativ**	**-st**	**-test,** **-dest**	innerer örtlicher Fall der Trennung: aus einem geschlos--senen Raum heraus	**kellest?** **millest?** **kust?**	aus wem? wovon? woher? woraus?	**sinust** **puust** **rongist**	aus dir aus Holz aus dem Zug

7. **Allativ**	**-le**	**-tele,** **-dele**	äußerer örtlicher Fall der Richtung: an etwas heran, auch wie Dativ (Wemfall)	**kellele?** **millele?** **kuhu?**	wem?/f. wen? für was? wohin?	**sinule** **tervisele** **lauale**	dir / für dich für die Gesundheit auf den Tisch
8. **Adessiv**	**-l**	**-tel,** **-del**	äußerer örtlicher Fall der Ruhelage: auf / an etwas (darauf / daran)	**kellel?** **millel?** **kus?**	bei wem? woran? wo?	**minul** **seinal** **maal**	bei mir an der Wand auf dem Land
9. **Ablativ**	**-lt**	**-telt,** **-delt**	äußerer örtlicher Fall der Trennung: von ... weg, ab	**kellelt?** **millelt?** **kust?**	von wem? wovon? woher?	**minult** **sellelt** **turult**	von mir davon vom Markt
10. **Translativ**	**-ks**	**-teks,** **-desk**	Veränderungsfall, Ausdruck einer Zustands-veränderung (etw. werden)	**kelleks?** **milleks?**	zu was (werden)? zu was?	**isaks** **karistuseks**	zum Vater (werden) zur Strafe
11. **Terminativ**	**-ni**	**-teni,** **-deni**	Begrenzungsfall, Ausdruck eines Endpunkts	**kelleni?** **milleni?** **kui kaua?**	bis zu wem? bis wohin? wie lange?	**minuni** **piirini** **(kella) seitsmeni**	bis zu mir bis zur Grenze bis sieben (Uhr)
12. **Essiv**	**-na**	**-tena,** **-dena**	Zustandsfall: als etwas (seiend / tuend)	**kellena?** **millena?**	als wer? als was?	**inimesena** **abina**	als Mensch als Hilfe
13. **Abessiv**	**-ta**	**-teta,** **-deta**	Fall des Mangels an etwas: ohne	**kelleta?** **milleta?**	ohne wen? ohne was?	**lapseta** **rahata**	ohne Kind ohne Geld
14. **Komitativ**	**-ga**	**-tega,** **-dega**	Begleitungsfall, Zugehörig-keit: zusammen mit	**kellega?** **millega?**	mit wem? womit?	**minuga** **autoga**	mit mir mit dem Auto

Stufenwechsel

Eine Besonderheit der estnischen Sprache ist der so genannte Stufenwechsel, dem Haupt- und Eigenschaftswörter, Verben und Zahlwörter unterliegen können. Er bezeichnet eine Erscheinung, die bei der Beugung eines Wortes eine Veränderung der lautlichen Gestalt des Wortstammes selbst verursacht.

Grundregeln für den Stufenwechsel bei Hauptwörtern

- Immer in der starken Stufe steht der 3. Fall Mehrzahl
- Immer in derselben Stufe stehen der 1. Fall Ez., der 3. Fall Ez. und 2. Fall Mz.
- Der 1. Fall Ez. und der 3. Fall Ez. stehen immer in einer anderen Stufe als der 2. Fall Ez. Ebenso steht der 1. Fall Mz. immer in einer anderen Stufe als der 2. Fall Mz.

Grundregeln für den Stufenwechsel bei Verben

- Immer in der starken Stufe stehen der ma-Infinitiv und die einfache Vergangenheit (gilt nicht für das Passiv)
- Immer in derselben Stufe stehen die Gegenwart (nur im Aktiv), die Bedingungsform Gegenwart sowie die Befehlsform für die 2. Person Einzahl
- Der da-Infinitiv steht immer in einer anderen Stufe als die Gegenwart. Die Befehlsform für die 2. Person Einzahl steht immer in einer anderen Stufe als alle übrigen Befehlsformen.

Der Stamm eines Wortes, das dem Stufenwechsel unterliegt, tritt also in zwei verschiedenen Formen auf: in einer starken und in einer schwachen Stufe. Je nach Art der Lautveränderung unterteilt man den Wechsel in den „quantitativen" und den „qualitativen Stufenwechsel".

Die Tabellen geben nur eine kleine Auswahl der möglichen Stufenwechsel wieder. Am besten lernt man die Wechsel bei den am häufigsten vorkommenden Wörtern auswendig. Wenn ein Wort dem Stufenwechsel unterliegt, also regelmäßig einen anderen Stamm erhält, ist dies in der Wörterliste im Anhang angegeben.

quantitativer Stufenwechsel

Beim quantitativen Stufenwechsel geht es um den Wechsel von einem langen zu einem kurzen Mitlaut (z. B. wird -tt- zu -t-) oder von einem harten zu einem weichen Mitlaut (z. B. wird -t- zu -d-). Die folgende Übersicht zeigt nur eine Auswahl.

starke Stufe	schwache Stufe
seppa (Schmied, 3. Fall)	**sepa** (2. Fall)
poissi (Junge, 3. Fall)	**poisi** (2. Fall)
mõtte (Gedanke, 2. Fall)	**mõte** (1. Fall)
auku (Loch, 3. Fall)	**augu** (2. Fall)
kaupa (Ware, 3. Fall)	**kauba** (2. Fall)

-pp- → -p-
-ss- → -s-
-tt- → -t-
-k- → -g-
-p- → -b-

qualitativer Stufenwechsel

Beim qualitativen Stufenwechsel kann der Mitlaut komplett ausfallen oder aber radikaler wechseln als beim quantitativen. Beim Mitlautausfall stellt das Vorhandensein des Mitlauts die starke Stufe dar, während ein Fehlen desselben die schwache Stufe darstellt. Beim Mitlautwechsel bedeutet ein so genannter Verschlusslaut (z. B. b, d, g) die starke Stufe, ein anderer Typ von Mitlaut die schwache.

	starke Stufe	schwache Stufe
-b- → -v-	**leiba** (Brot, 3. Fall)	**leiva** (2. Fall)
-mb- → -mm-	**hamba** (Zahn, 2. Fall)	**hammas** (1. Fall)
-d- → *entfällt*	**kadu** (Verlust, 1. Fall)	**kao** (2. Fall)
od. -j-	**sada** (hundert, 1. Fall)	**saja** (2. Fall)
-b- → *entfällt*	**tuba** (Zimmer, 1. Fall)	**toa** (2. Fall)
-ld- → -ll-	**kulda** (Gold, 3. Fall)	**kulla** (2. Fall)
-rd- → -rr-	**korda** (Mal, 3. Fall)	**korra** (2. Fall)
-sk- → -s-	**uskuma** (glauben, Inf.)	**usun** (ich glaube)

Wessen, Wem, Wen?

Die persönlichen Fürwörter werden gebeugt, indem man an die besitzanzeigenden Fürwörter (gleichbedeutend mit dem Genitiv der persönlichen Fürwörter!) die jeweiligen Fallendungen anhängt.

Ab dem 6. Fall (Elativ) sind die Fallendungen regelmäßig. Das heißt, dass die Endungen, so wie sie im Kapitel „Die 14 Fälle" aufgeführt sind, an den Genitiv angehängt werden! Ausnahme: Bei meie (wir) heißt der Stamm mei-, bei teie (ihr) heißt er tei-.

Auch beim 2. Fall gibt es Kurzformen, die aber stärker umgangssprachlichen Charakter haben und hier in der Tabelle nicht mitaufgeführt werden.

Hinter dem Schrägstrich stehen beim 1. Fall die gebräuchlichen Kurzformen. Die längere Form wird gebraucht, wenn das Fürwort besonders betont werden soll (z. B. zur Unterscheidung) und das Hauptgewicht des Satzes auf ihm liegt. Der Gebrauch hängt demnach nicht von der Sprachebene (Schrift- oder Umgangssprache) ab.

1. Fall	**mina / ma** (ich)	**sina / sa** (du)	**tema / ta** (er, sie)	**meie / me** (wir)	**teie / te** (ihr)	**nemad / nad** (sie)
2.	**minu**	**sinu**	**tema**	**meie**	**teie**	**nende**
3.	**mind**	**sind**	**teda**	**meid**	**teid**	**neid**
4.	**minusse**	**sinusse**	**temasse**	**meisse**	**teisse**	**nendesse**
5.	**minus**	**sinus**	**temas**	**meis**	**teis**	**nendes**
6.	**minust**	**sinust**	**temast**	**meist**	**teist**	**nendest**
	usw.	*usw.*	*usw.*	*usw.*	*usw.*	*usw.*

Satzstellung

Im Deutschen besteht der kleinste mögliche Satz aus Satzgegenstand (Subjekt) und Satzaussage (Prädikat). Im Estnischen reicht meistens bereits das Verb aus, wenn die Person aus der Verbform eindeutig hervorgeht. Dies trifft vor allem für die 1. und 2. Person Einzahl und Mehrzahl („ich, du, wir, ihr") zu.

Die Wortstellung ist dem Deutschen ähnlich, jedoch freier. Der Satzgegenstand steht in der Regel am Satzanfang, gefolgt von der Satzaussage und der Satzergänzung (Objekt). Das betonte Satzglied wird an den Satzanfang gestellt. Anders als im Deutschen bleibt dabei die Reihenfolge der restlichen Satzglieder bestehen.

Sajab.	**Lähen.**	**Olete.**
(es-)regnet	*(ich-)gehe*	*(ihr-)seid*
Es regnet.	Ich gehe.	Ihr seid.

Ma lähen täna vara koju.
ich gehe heute früh nach-Hause
Ich gehe heute früh nach Hause.

Täna ma lähen vara koju.
heute ich gehe früh nach-Hause
Heute gehe ich früh nach Hause.

Fragen

Entscheidungsfragen sind Fragen, auf die man nur mit jah (ja) oder ei (nein) antworten kann. Sie werden durch die Fragepartikel kas (wie deutsch „ob") eingeleitet, die keinen Einfluss auf die Wortstellung hat.

Entscheidungsfragen

Naine läheb koju.
Frau geht nach-Hause
Die Frau geht nach Hause.

Umgangssprachlich kommen auch Ja-Nein-Fragen vom deutschen Typ vor, also mit umgekehrter Reihenfolge von Satzgegenstand und -aussage sowie ohne kas.

Kas naine läheb koju?
ob Frau geht nach-Hause
Geht die Frau nach Hause?

Sa olid eile seal. — **Kas sa olid eile seal?**
Du warst gestern dort. — Warst du gestern dort?

Kas sa tuled meiega? — **Jah. / Jah, tulen.**
ob du kommst mit-uns(14) — *ja / ja (ich-)komme*
Kommst du mit uns? — Ja. / Ja, ich komme mit.

Im indirekten Fragesatz steht ebenfalls kas *(ob):*

Ma küsin, kas sa kuulad mind?
(ich-)frage ob du hörst mich
Ich frage, ob du mir zuhörst.

Ta küsis, kas ma olen sakslane / sakslanna.
er fragte ob ich bin Deutscher / Deutsche
Er fragte, ob ich Deutsche(r) sei.

Ergänzungsfragen

Ergänzungsfragen werden mit speziellen Fragewörtern eingeleitet. Man kann nur mit einem vollständigen Satz antworten. Die Fragewörter **kes?** („wer?", Personen) und **mis?** („was?", Gegenstände) dienen zugleich als bezügliche Fürwörter (Relativpronomen). **Kes?**, **mis?**, sowie **kumb?** (welche(r) von beiden?) und **missugune?** (was für ein(e)?) werden gebeugt, und das für die Ein- und Mehrzahl unterschiedlich.

Eine ziemlich vollständige Liste der Fragewörter kann man der Tabelle im Kapitel „Die 14 Fälle" entnehmen; hier nur eine kleine Auswahl (in Klammern steht jeweils der 2. Fall, der ja teilweise auch wie unser 4. Fall [wen? oder was?] übersetzt werden kann).

kes	wer?	**mis**	was?
(kelle)	(wessen? wen?)	**(mille)**	(wessen? was?)
kus	wo?	**millal**	wann?
kuhu	wohin?	**mitu**	wie viel?
kust	woher?	**miks**	warum?
kuidas	wie?		
kumb	welche(r) von	**missugune**	was für ein(e)?
(kumma)	beiden?	**(missuguse)**	

Der Satzteil, nach dem gefragt wird (= Fragewort), steht in der Antwort in demselben Fall wie das Fragewort.

Kust sa tuled?
woher(6) du kommst
Woher kommst du?

Ma tulen linnast.
ich komme Stadt(6)
Ich komme aus der Stadt

Kus sa elad?
wo du wohnst
Wo wohnst du?

Ma elan Harju tänaval.
ich wohne Harju Straße(5)
Ich wohne in der Harjustraße.

Millal me jälle kohtume?
wann wir wieder (wir-)treffen
Wann sehen wir uns wieder?

Homme kohtume.
morgen (wir-)sehen
Morgen sehen wir uns wieder.

Keda Teie tahate külastada?
wen(3) ihr wollt besuchen
Wen wollen Sie besuchen?

Ma tahan oma venda külastada.
ich will meinen Bruder(3) besuchen
Ich will meinen Bruder besuchen.

Kui palju / Mis see maksab?
wie viel / was dieses kostet
Wie viel kostet das?

Kummal on õigus?
wer-von-beiden(8) hat Recht
Wer hat Recht?

Mis maja see on?
was Haus dieses (es-)ist
Was für ein Haus ist das?

See on raekoda.
dieses (es-)ist Rathaus
Das ist das Rathaus.

Kumb tänav viib hotelli juurde?
welche-von-beiden Straße führt Hotel(2) zu
Welche Straße führt zum Hotel?

Verhältniswörter

Viele deutsche Verhältniswörter werden schon allein durch die Fälle ausgedrückt. Im Estnischen gibt es darüber hinaus voran- und nachgestellte Verhältniswörter.

vorangestellte Verhältniswörter

Die vorangestellten Verhältniswörter (Präpositionen) stehen vor dem Hauptwort, auf das sie sich beziehen. Das Hauptwort selbst wird dann in dem Fall gebeugt wie in der Tabelle angegeben.

Die meisten dieser Verhältniswörter stehen mit dem Partitiv (3. Fall).

peale (2.)	außer	**peale, pärast** (3.)	nach *(zeitl.)*
kuni (11.)	bis *(zeitl.)*		
vastu (3.)	gegen	**ilma** (13.)	ohne
keset (3.)	inmitten	**enne** (3.)	vor *(zeitl.)*
mööda, piki (3.)	längs, entlang	**koos, ühes** (14.)	zusammen / gemeinsam mit

vastu *kann sowohl voran- als auch nachgestellt sein.*

Ma lähen enne esmaspäeva koju.
ich gehe vor Montag(3) nach-Hause
Ich fahre vor Montag nach Hause.

Ta seisis keset tuba.
er stand inmitten Zimmer(3)
Er stand mitten im Zimmer.

Ta läks mööda tänavat.
sie ging entlang Straße(3)
Sie ging die Straße entlang.

Ma lähen koos Jüriga linna.
ich gehe mit Jüri(14) in-Stadt(4)
Ich gehe mit Jüri in die Stadt.

Ma sõidan ühes teiega.
ich fahre mit euch(14)
Ich fahre gemeinsam mit euch.

Ilma sinuta on igav.
ohne dich(13) (es-)ist langweilig
Ohne dich ist es langweilig.

Ma ootan kuni kella kuueni.
ich warte bis Uhr(2) sechs(11)
Ich warte bis sechs Uhr.

Peale minu on kõik eestlased.
außer mir(2) sind alles Esten
Außer mir sind alle Esten.

Peale lõunat läheme suplema.
nach Mittag(3) (wir-)gehen baden
Nach dem Mittag gehen wir baden.

nachgestellte Verhältniswörter

Wie es der Name schon sagt, stehen diese Verhältniswörter nach dem Hauptwort, auf die sie sich beziehen (Postpositionen). Auch sie verlangen, dass das vorangehende Bezugswort in einem bestimmten Fall gebeugt wird. Vielfach gibt es Dreiergruppen für je drei verschiedene Richtungen, zum Beispiel:

all	alla	alt
unter	hinunter	unter ... hervor
(Ruhelagefall)	*(Richtungsfall)*	*(Trennungsfall)*

Die Fälle, mit denen die Mitglieder dieser Dreiergruppen stehen, sind immer gleich.

Ta istub silla all.
er/sie/es sitzt Brücke(2) unter
Er sitzt unter der Brücke.

Ta läks trepist alla.
er/sie/es ging Treppe(6) hinunter
Er ging die Treppe hinunter.

Ta tuleb laua alt.
er/sie/es kommt Tisch(2) unter-hervor
Sie kommt unter dem Tisch hervor.

Alle Postpositionen in der folgenden Tabelle stehen mit dem Genitiv (2. Fall). Ausnahme: kaudu kann mit dem 2. und 3. Fall stehen. In der folgenden Tabelle wird der „Ruhelagefall" angegeben, die anderen beiden Fälle (Richtung, Trennung) stehen in Klammern. Bei der deutschen Übersetzung steht in Klammern die Bedeutung des Trennungsfalls.

peale	auf *(Richtung)*
all (alla; alt)	unter (unter ... hervor)
ees (ette; eest)	vor *(örtl.)*
juures (juurde; juurest)	bei; an; zu (von ... weg)
järel (järele; järelt)	hinter, nach *(zeitl. u. örtl.)*
kaudu	durch, vermittels, über
kohal (kohale, kohalt)	bei; herbei (von ... her)
kõrval (kõrvale, kõrvalt)	neben
ligidal (2.)	unweit, in der Nähe
vastu (2.)	gegen

Verhältniswörter

käes (kätte, käest)	in, an, bei (von)
küljes (külge, küljest)	an, fest an etwas (von)
peal (peale, pealt)	auf (von)
pool (poole, poolt)	bei
seas (sekka, seast)	inmitten, unter (aus)
sees (sisse, seest)	in, innerhalb (aus, von innen)
taga (taha, tagant)	hinter (hinter ... hervor)
teel	auf dem Wege, mittels, mit Hilfe
tõttu	wegen
vahel (vahele, vahelt)	zwischen (zwischen ... heraus)
vastas (vastu, vastast)	gegenüber, gegen
üle	über
ümber	um ... herum

Panen leiva laua peale.
(ich-)lege Brot(2) Tisch(2) auf
Ich lege das Brot auf den Tisch.

Leib on laua peal.
Brot (es-)ist Tisch(2) auf
Das Brot liegt auf dem Tisch.

Hommikust peale sajab vihma.
Morgen(6) seit (es-)regnet Regen(3)
Seit dem Morgen regnet es.

Ma elan oma sõprade juures.
ich wohne eigene Freunde(2) bei
Ich wohne bei meinen Freunden.

Seda teed kaudu jõuad kiiremini linna.
diesen(3) Weg(3) entlang (du-)gelangst schneller Stadt(4)
Diesen Weg entlang kommst du schneller in die Stadt.

Me kohtume muuseumi / raekoja ees.
wir (wir-)treffen uns Museum(2) / Rathaus(2) vor
Wir treffen uns vor dem Museum / Rathaus.

Kas ma tulen sinu / Teie juurde?
ob ich komme du(2) / ihr(2) zu
Soll ich zu dir / Ihnen kommen?

Rückbezügliche Verben

Rückbezügliche Verben (Reflexivpronomen, z. B. „sich waschen", sich „anziehen") gibt es im Estnischen nur wenige. Diese rückbezüglichen Verben enden auf -uma anstatt auf -ma.

Daneben gibt es das rückbezügliche Fürwort (Reflexivpronomen) ise („mich, dich, sich, uns, euch, ihnen"), das nur in der Ein- und Mehrzahl unterschieden wird. Das bedeutet: Für die gebeugten Formen von „mich, dich, sich" braucht man die Einzahlform, für „uns, euch, Ihnen" jedoch die Mehrzahlform.

Fall	Ez	Mz	Fall	Ez	Mz
1.	ise	ise	8.	endal	endil
2.	enda	endi	9.	endalt	endilt
3.	end	endid	10.	endaks	endiks
4.	endasse	endisse	11.	endani	endini
5.	endas	endis	12.	endana	endina
6.	endast	endist	13.	endata	endita
7.	endale	endile	14.	endaga	endiga

Ostsin endale raamatu.
(ich-)kaufte sich(7) Buch(3)
Ich kaufte mir ein Buch.

Ma pesen end.
ich wasche sich(3)
Ich wasche mich.

Abhängigkeitsform (Modus obliquus)

Auch der Gebrauch des Konjunktivs in der deutschen Zeitungssprache ist damit vergleichbar.

Mit der Abhängigkeitsform hat man die Möglichkeit, den Inhalt von Sätzen als indirekt übermittelt oder von unklarer Zuverlässigkeit zu kennzeichnen. Im Deutschen kann man diese Form am ehesten mit dem Zusatz „angeblich", „wahrscheinlich" oder „soll sein" übersetzen. Die Abhängigkeitsform tritt in der Gegenwart und in der Vergangenheit auf.

Die Endung für die Gegenwart lautet unveränderlich -vat, die an den Stamm des ma-Infinitivs angehängt wird:

Die Gegenwartsform wird mittlerweile nur noch selten benutzt.

lugema	lesen
sa lugevat	du liest angeblich
tulema	kommen
nad tulevat	sie kommen angeblich

In der Vergangenheit (hier: vollendete Gegenwart) wird das Hilfsverb olema (sein) mit der Endung -vat versehen (also: olevat) und vor das Partizip II (in der nud-Variante) gestellt (vgl. Kap. „Das Partizip II“):

Sa oled lugenud.
du bist gelesen
Du hast gelesen.

Sa olevat lugenud.
du bist(-angeblich) gelesen
Du hast angeblich gelesen. /
Du sollst gelesen haben.

Nad on tulnud.
sie(Mz) sind gekommen
Sie sind gekommen.

Nad olevat tulnud.
sie(Mz) sind(-angeblich) gekommen
Sie sind angeblich gekommen. /
Sie sollen gekommen sein.

Nad ei tulevat.
sie(Mz) nicht kommen(-angeblich)
Sie kommen angeblich nicht.

Nad ei olevat tulnud.
sie(Mz) nicht sind(-angeblich) gekommen
Sie sind angeblich nicht gekommen.

Die Abhängigkeitsform verneint man, indem man die Verneinungspartikel ei *(nicht) vor das Verb (auch vor das zusammengesetzte) stellt.*

Bedingungsform

Man bildet die Bedingungsform, indem man von der 1. Person Einzahl das -n wegstreicht und -k- an den Stamm des Infinitivs anhängt. Daran werden die Personalendungen für die Vergangenheit angehängt:

Die Bedingungsform (Konditional) entspricht dem deutschen „würde", „hätte", „könnte". Sie ist vor allem in der Gegenwart gebräuchlich und kommt besonders in höflichen Bitten und Vorschlägen vor.

kirjutama	schreiben
ma kirjutaksin	ich schriebe
sa kirjutaksid	du schriebst
ta kirjutaks	er schriebe
me kirjutaksime	wir schrieben
te kirjutaksite	ihr schriebt
nad kirjutaksid	sie schrieben

Ma tahaksin sinuga kinno minna.
ich würde-wollen mit-dir(14) Kino-in(4) gehen
Ich würde mit dir gern ins Kino gehen.

Kas tohiks ...?
ob (er/sie-)dürfte ...
Dürfte man ...?

Kas ma võiksin siin ööbida?
ob ich dürfte hier übernachten
Dürfte ich hier übernachten?

Ma paluksin veel ühte käterätikut.
ich würde-bitten noch ein(3) Handtuch(3)
Ich hätte gerne noch ein Handtuch.

Zahlen & Zählen

Auch Zahlen können gebeugt werden. In Klammern steht daher der 2. Fall (Genitiv).

Grundzahlen

0	**null**		
1	**üks (ühe)**	6	**kuus (kuue)**
2	**kaks (kahe)**	7	**seitse (seitsme)**
3	**kolm (kolme)**	8	**kaheksa (kaheksa)**
4	**neli (nelja)**	9	**üheksa (üheksa)**
5	**viis (viie)**	10	**kümme (kümne)**

Die Zahlen von 11 bis 19 werden gebildet, indem man die Grundzahl mit der Endung -teist versieht. Bei der Beugung ist zu beachten, dass hier die längere Endung -teistkümmend erforderlich ist und nur diese gebeugt wird.

11	**üksteist**
12	**kaksteist**
13	**kolmteist** *usw.*

Bei den Zehnerzahlen (20, 30 ...) wird an die Grundzahl nur -kümmend angehängt.

20	**kakskümmend**
30	**kolmkümmend**
40	**nelikümmend** *usw.*
41	**nelikümmend üks**
42	**nelikümmend kaks**
43	**nelikümmend kolm** *usw.*

Bei zusammengesetzten Zahlen wird die Einerzahl der Zehnerzahl einfach nachgestellt.

Hunderter werden mit der Grundzahl und sada *(hundert) gebildet.*

100	**(üks) sada**	101	**sada üks**
200	**kakssada**	102	**sada kaks**
300	**kolmsada**	103	**sada kolm**
400	**nelisada**	121	**sada kakskümmend üks**
500	**viissada**	254	**kakssada viiskümmend neli**

Tausender werden mit der Grundzahl und tuhat *(tausend) gebildet.*

1000	**(üks) tuhat**	1001	**tuhat üks**
2000	**kaks tuhat**	1010	**tuhat kümme**
3000	**kolm tuhat**	1100	**tuhat ükssada**

Zehntausender bildet man ganz regelmäßig mit kümme tuhat, und Hunderttausender mit sada tuhat. 1.000.000 heißt miljon und 1.000.000.000 miljard.

Ordnungszahlen

Die Ordnungszahlen werden gebildet, indem man an den 2. Fall der Grundzahl ein -s *anfügt.*

1.	**esimene**	6.	**kuues**
2.	**teine**	7.	**seitsmes**
3.	**kolmas**	8.	**kaheksas**
4.	**neljas**	9.	**üheksas**
5.	**viies**	10.	**kümnes**

Ausnahmen sind die Zahlen „1.“, „2.“, „3.“.

Bruchzahlen

Um Bruchzahlen zu bilden, braucht man wieder den 2. Fall der Grundzahl. An diesen hängt man die Endung -ndik an. Ausnahme ist pool (halb; Hälfte):

1/2	**pool**	2/3	**kaks kolmandikku**
1/3	**kolmandik**	1/4	**veerand / neljandik**

Dezimalzahlen

0,4	**null koma neli**
0,08	**null koma null kaheksa**

Bei Dezimalbrüchen gilt dieselbe Reihenfolge wie im Deutschen. „Komma" heißt auch im Estnischen koma.

noch mehr Zahlen

Hängt man an den 2. Fall der Grundzahl die Endung -kaupa (etwa: „jeweils") an, kann man Folgendes ausdrücken:

kahekaupa	*zwei(2)-je*	je zwei
kolmekaupa	*drei(2)-je*	je drei
kuuekaupa	*sechs(2)-je*	je sechs

Die Zahlwörter „einmal, zweimal ..." bildet man mit dem 3. Fall (Partitiv) von kord (Mal):

viis korda	*fünf Mal(3)*	fünfmal
tuhat korda	*tausend Mal(3)*	tausendmal

Mit der Endung -kesi, die an den 2. Fall der Grundzahl angehängt wird, kann man sagen:

kahekesi	zu zweit	**viiekesi**	zu fünft
kolmekesi	zu dritt	**mitmekesi**	zu vielen

Zählen

Achtung: Anders als im Deutschen steht ein Hauptwort nach Zahlen (wie auch nach Mengenangaben) in der Einzahl (!) und wird im 3. Fall gebeugt.

kolm sõpra
drei Freund(3)
drei Freunde

viis meest
fünf Mann(3)
fünf Männer

In einem vollständigen Satz mit Satzteilen, die komplexere Beugungsformen erfordern, ist es allerdings umgekehrt: Dann beugt man das gezählte Hauptwort entsprechend dem Satzteil, als das es fungiert, während das Zahlwort unveränderlich im 2. Fall steht.

Ma sõidan kolme sõbraga Tallinnasse.
ich fahre drei(2) Freund-mit(14) Tallinn-nach(4)
Ich fahre mit drei Freunden nach Tallinn.

Maße & Mengenangaben

sada grammi	100 Gramm	**(üks) kilo**	ein Kilo
100 Gramm(2)		**(üks) liiter**	ein Liter

umbes	ungefähr, etwa
vähe	wenig, gering
natuke, pisut, veidi	ein wenig, etwas
liiga vähe	zu wenig
palju	viel
liiga palju	zu viel

Palun mulle kolmsada grammi sinki.
(ich-)bitte ich(7) 300 Gramm(3) Schinken(3)
Ich hätte gern 300 Gramm Schinken.

Kas sellest piisab?
ob dieses (es-)ausreicht
Ist das genug?

Natuke rohkem, palun.
etwas mehr (ich-)bitte
Noch etwas mehr, bitte

See on liiga palju.
dieses (es-)ist zu viel
Das ist zu viel.

Uhrzeit & Datum

Umstandswörter der Zeit

täna – eile – homme	heute – gestern – morgen
üleeile – ülehomme	vorgestern – übermorgen
päeval	tagsüber
hommikul – enne lõunat	morgens – vormittags
lõuna ajal	mittags
pärastlõunal, peale lõunat	nachmittags
õhtul – öösel	abends – nachts
vara – hilja	früh – spät
enne	vorher, früher
pärast	später, nachher
vanasti	früher, einst
harva – ajuti	selten – ab und zu
sageli, tihti – alati, ikka	oft – immer
hiljuti	vor kurzem
nüüd – kohe	jetzt – sofort, gleich
varsti – siis	bald – dann
mullu – tänavu	voriges Jahr – dieses Jahr
tuleval aastal	nächstes Jahr

Ma sõidan homme ära.
ich fahre morgen weg
Ich reise morgen ab.

Ma läksin hilja voodisse.
ich ging spät Bett-in(4)
Ich bin spät ins Bett gegangen.

Mul ei ole kahjuks täna aega.
ich(8) nicht sein(St.) leider heute Zeit(3)
Ich habe heute leider keine Zeit.

Ma tulen homme õhtul.
ich komme morgen abend
Ich komme morgen Abend.

Uhrzeit

kell	Uhr	**minut**	Minute
aeg	Zeit	**tund**	Stunde

Für die Angabe der Uhrzeit braucht man bei manchen Konstruktionen eine ganze Menge gebeugter Formen, insbesondere bei den Zahlen. Halten Sie sich an die nebenstehenden Satzmuster!

Mis kell on?
was Uhr ist
Wie spät ist es?

Kell on kolm.
Uhr ist drei
Es ist drei Uhr.

Kell on pool kaks.
Uhr ist halb zwei
Es ist halb zwei.

Kell on veerand viis.
Uhr ist viertel fünf
Es ist Viertel nach vier.

Kell on kolmveerand seitse.
Uhr ist dreiviertel sieben
Es ist Viertel vor sieben.

Kell on viis minutit neli läbi.
Uhr ist fünf Minute(3) vier(1) durch
Es ist fünf nach vier.

Kell on kümme enne viit.
Uhr ist zehn vor fünf(3)
Es ist zehn vor fünf.

Mis kell kino algab?
was Uhr Kino anfängt
Wann fängt das Kino an?

Kino algab kell viis.
Kino anfängt Uhr 5
Es fängt um fünf Uhr an.

Wochentage

esmaspäev	Montag	**reede**	Freitag
teisipäev	Dienstag	**laupäev**	Sonnabend
kolmapäev, kesknädal	Mittwoch	**pühapäev**	Sonntag
neljapäev	Donnerstag		

Reedel sööme kala.
Freitag(8) (wir-)essen Fisch
Am Freitag essen wir Fisch.

Pühapäeviti käime kirikus.
sonntags (wir-)gehen Kirche-in(5)
Sonntags gehen wir zur Kirche.

Feiertage

lihavõtted	Ostern	**nelipühad**	Pfingsten
jõulud	Weihnachten	**uusaasta**	Neujahr

Monate

jaanuar	Januar	**juuli**	Juli
veebruar	Februar	**august**	August
märts	März	**september**	September
aprill	April	**oktoober**	Oktober
mai	Mai	**november**	November
juuni	Juni	**detsember**	Dezember

veebruaris
Februar-in(5)
im Februar

Detsembris on jõulud.
Dezember-in(5) ist Weihnachten
Im Dezember ist Weihnachten.

Mul on juunis sünnipäev.
bei-mir(8) ist Juni-in(5) Geburtstag
Ich habe im Juni Geburtstag.

Jahreszeiten

kevad	Frühling	**sügis**	Herbst
suvi	Sommer	**talv**	Winter

Kas sa tuled suvel Eestisse?
ob du kommst Sommer-in(8) Estland-nach(4)
Kommst du im Sommer nach Estland?

Talvel ei ole alati lund.
Winter-in(8) nicht sein(St.) immer Schnee(3)
Im Winter gibt es nicht immer Schnee.

Datum

nädal	Woche	**aasta**	Jahr
kuu	Monat	**kuupäev**	Datum

Mis kuupäev täna on?
was Datum heute ist
Welches Datum haben wir heute?

Täna on kahekümne seitsmes oktoober.
heute ist zwanzig siebte Oktober
Heute ist der 27. Oktober.

Mis kuupäev oli eile?
was Datum war gestern
Welches Datum war gestern?

Eile oli kolmeteistkümnes.
gestern war dreizehnter
Gestern war der dreizehnte.

viiendal septembril
fünfter(8) September(8)
am 5. September

seitsmeteistkümnendal augustil
siebzehnter(8) August(8)
am 17. August

1992. aastal *(abgekürzt:* **1992. a***)*
tuhande üheksasaja üheksakümne teisel aastal
tausend(2) neunhundert(2) neunzig(2) zwei(8) Jahr(8)
im Jahre 1992

Historisches Gasthaus in Nordestland

Markttreiben auf dem Rathausplatz in Tallinn

Kurz-Knigge

Die Esten sind eher zurückhaltend. Man muss also aufpassen, dass man mit der eigenen vergleichsweise „südlichen“ **Mentalität** nicht aufdringlich wirkt. Zunächst ist also höfliche Distanz geboten. Hat man aber einmal die Sympathie eines Esten gewonnen, so ist diese beständig und echt. Man trifft dann auf große Herzlichkeit und Gastfreundschaft.

Anders als bei uns **begrüßt und verabschiedet** man sich nicht immer mit Handschlag.

Mit **Geschenken,** die man Esten macht, sollte man vorsichtig und taktvoll sein, denn die Esten sind sehr stolz und im Annehmen von Gaben nicht so locker wie wir. Geld z. B. sollte man nie als Geschenk, sondern immer nur je nach Situation für eine konkrete Hilfeleistung anbieten. Auch gebrauchte Kleidung usw. sollte man nicht ohne weiteres verschenken. Dies ist höchstens dann möglich, wenn man richtig befreundet ist.

Namen

Namen setzen sich wie im Deutschen aus Vor- und Nachnamen zusammen. Auf dem Lande gibt es allerdings eine Besonderheit: Die Familien nennen sich nach dem Hof, den sie bewohnen. Die Namen der Höfe sind uralt überliefert. Früher, in der Zeit vor der sowjetischen Kollektivierung der Landwirtschaft, war diese Namensgebung noch sehr viel häufiger.

Man umarmt sich nur nach langer Trennung, oder wenn man einen besonders guten Freund wiedersieht. Die tägliche Begrüßung verläuft auch ohne Händeschütteln.

Anrede

Unter guten Freunden und Jugendlichen ist das Duzen üblich, ansonsten sagt man Teie (Sie). Die Begrüßung fällt – gemäß der estnischen Mentalität – eher zurückhaltend aus.

härra	**proua**	**preili**
Herr	Frau	Fräulein

Begrüßen & Verabschieden

Unabhängig von der Tageszeit kann man sich mit „Guten Tag!" begrüßen.

Begrüßen

Tere!
Guten Tag! / Hallo!

Tere hommikust!
Guten Morgen!

Tere õhtust!
Guten Abend!

Head ööd!
Gute Nacht!

Tere tulemast!
hallo kommen-aus(6)
Willkommen!

Kuidas käsi käib?
wie Hand geht
Wie geht's?

Tänan, hästi.
(ich-)danke gut(Adv)
Danke, gut.

Läheb kah.
geht auch
Nicht besonders.

Mit einem Smartphone können Sie sich die mit einem gekennzeichneten Sätze dieses Kapitels anhören. Scannen Sie einfach den QR-Code mit Hilfe einer kostenlosen App (z. B. „Barcoo" oder „Scanlife").

Verabschieden

Nägemiseni!
bis-zum-sehen(11)
Auf Wiedersehen!

Etwas lockerer klingt schon:

Head aega! *gute(3) Zeit(3)*	Tschüss! Auf Wiedersehen
Hüvasti!	Tschüss!
Homseni! *morgen-bis(11)*	Bis morgen!

Jumalaga!
Gott-mit(14)
Mit Gott! / Lebe wohl!

Jumalaga! *sagt man in feierlichen (tränenreichen ...) Situationen, die einen letztmaligen Abschied bedeuten können.*

Bitten, Danken, Wünschen

Mit einem Smartphone können Sie sich die mit einem gekennzeichneten Sätze dieses Kapitels anhören.

Bitte als Aufforderung („Bitte, tun Sie ...!) heißt palun.

Bitten

Palun rääkige aeglasemalt!
(ich-)bitte sprecht(!) langsamer
Bitte sprechen Sie langsamer!

Palun öelge mulle ...!
(ich-)bitte sagt(!) mir(7) ...
Bitte sagen Sie mir ...!

Für „Bitte" als Gewährung („Bitte, nehmen Sie ...!") sagt man ebenfalls palun.

Palun võtke veel natuke teed!
(ich-)bitte nehmt(!) noch etwas Tee(3)
Bitte, nehmen Sie doch noch etwas Tee!

... kohvi, veini, leiba!
... Kaffee(3) Wein(3) Brot(3)
... Kaffee, Wein, Brot!

Palun istuge!
(ich-)bitte sitzt(!)
Bitte setzen Sie sich!

Palun istu!
(ich-)bitte sitz(!)
Bitte setz dich!

Wenn sich jemand bei Ihnen bedankt, antworten Sie:

Palun.
(ich-)bitte
Bitte.

Pole tänu väärt.
nicht-sein(St.) Dank(3) wert
Keine Ursache.

Kuidas, palun?
wie (ich-)bitte
Wie bitte? *(wenn man nicht verstanden hat)*

Danken

Im Allgemeinen kann man immer tänan! (danke!) sagen. Auch aitäh! ist gebräuchlich, spricht sich aber schwerer aus. Bekommt man etwas angeboten, dankt man mit:

Tänan.
(ich-)danke
Ja, danke.

Tänan, ei.
(ich-)danke nicht
Nein, danke.

Suur tänu.
großer Dank
Vielen Dank.

Tänan sind. *(ich-)danke dir(3)*	Ich danke dir.
Tänan teid. *(ich-)danke euch(3)*	Ich danke euch.
Tänan Teid. *(ich-)danke euch(3)*	Ich danke Ihnen.

Derjenige, bei dem man sich bedankt, steht im 3. Fall. Wofür man sich bedankt, steht im 3. Fall plus dem nachgestellten Verhältniswort eest *(für).*

Aitäh kohvi eest!
danke Kaffee(2) für
Danke für den Kaffee!

Aitäh abi eest!
danke Hilfe(2) für
Danke für die Hilfe!

Wünschen

Kõike head!
Alles Gute!

Häid pühi!
gute(3) Feste(3)
Frohes Fest! *(Ostern / Weihnachten)*

Wünscht man etwas Spezielles, kann man das wie folgt ausdrücken. Was man wünscht, steht im 3. Fall.

Head uut aastat!
gutes(3) neues(3) Jahr(3)
Gutes Neues Jahr! *(Neujahr)*

Soovin sulle ...
(ich-)wünsche dir(7) ...
Ich wünsche dir ...

Soovin Teile ...
(ich-)wünsche euch(7) ...
Ich wünschen Ihnen ...

palju õnne	*viel Glück(3)*	viel Glück
palju õnne sünnipäevaks	*viel Glück(3) Geburtstag(10)*	viel Glück zum Geburtstag
edu	*Erfolg(3)*	Erfolg
tervist	*Gesundheit(3)*	Gesundheit

Sich entschuldigen

Palun vabandust!
(ich-)bitte Entschuldigung(3)
Ich bitte um Entschuldigung!

Vabandage!
entschuldigt(!)
Entschuldigen Sie! Entschuldigung!

Das erste Gespräch

Die häufigsten Fragen bei einer neuen Bekanntschaft drehen sich um Herkunft, Alter, Beruf und Kinder.

Kust Te pärit olete?
woher ihr stammend seid
Woher kommen Sie?

Ma tulen ...
ich komme ...
Ich komme ...

Saksamaalt	*Deutschland(9)*	aus Deutschland
Šveitsist	*Schweiz(6)*	aus der Schweiz
Austriast	*Österreich(6)*	aus Österreich
Hollandist	*Holland(6)*	aus Holland
Berliinist	*Berlin(6)*	aus Berlin

Mit einem Smartphone können Sie sich die mit einem gekennzeichneten Sätze dieses Kapitels anhören.

Kas ma saan Teid aidata? **Tänan, meeleldi.**
ob ich kann euch(3) helfen *(ich-)danke gerne*
Kann ich Ihnen helfen? Danke, gerne.

Te räägite hästi eesti keelt.
ihr sprecht gut(Adv) estnische(3) Sprache(3)
Sie sprechen gut Estnisch.

Natuke.
Ein wenig.

Kas Te räägite ...? *ihr sprecht ...*	Sprechen Sie ...?
saksa keelt *deutsche Sprache(3)*	Deutsch
inglise keelt *englische Sprache(3)*	Englisch
prantsuse keelt *französische Sprache(3)*	Französisch
vene keelt *russische Sprache(3)*	Russisch

Kuidas Teie / sinu nimi on? **Mu nimi on ...**
wie euer(2) / dein(2) Name ist *mein(2) Name ist*
Wie heißen Sie / heißt du? Ich heiße ...

Kuhu Te tahate minna?
wohin ihr wollt gehen
Wo wollen Sie hingehen?

Das erste Gespräch

Ma lähen Tallinna.
ich gehe Tallinn-nach(4)
Ich fahre nach Tallinn.

Mida Te teete siin?
was(3) ihr macht hier
Was machen Sie hier?

Ma olen puhkusel.
ich bin Urlaub-im(8)
Ich mache Urlaub.

Ma olen komandeeringus.
ich bin Dienstreise-in(5)
Ich bin auf Dienstreise.

Kui kauaks Te siia jääte?
wie lange ihr hierher bleibt
Wie lange bleiben Sie?

Ma jään kaheks nädalaks.
ich bleibe zwei(10) Wochen(10)
Ich bleibe zwei Wochen.

Kas Te tahaksite tulla kohvi jooma?
ob ihr würdet-wollen kommen Kaffee(3) trinken
Möchten Sie (mit mir) einen Kaffee trinken?

Miks mitte?
warum nicht
Warum nicht?

Jah. / Tänan, ei.
ja / (ich-)danke nein
Ja. / Nein danke.

Kas Te tahaksite ...?	*ob ihr würdet-wollen*	Möchten Sie ...?
... kaasa tulla	*mitkommen*	... mitkommen
... meile tulla	*zu-uns(7) kommen*	... zu uns kommen
... tantsima minna	*tanzen gehen*	... tanzen gehen
... õlut jooma minna	*Bier(3) trinken gehen*	... Bier trinken gehen

Kas tahate sööma / jalutama minna?
ob (ihr-)wollt essen / spazieren gehen
Möchten Sie essen / spazieren gehen?

Kas Te olete abielus?
ob ihr seid verheiratet
Sind Sie verheiratet?

Ei, ma olen kihlatud.
nein ich bin verlobt
Nein, ich bin verlobt.

Kas Teil on lapsi?
ob euch-bei(8) sind Kinder(3)
Haben Sie Kinder?

Mul on poeg / tütar.
mir-bei(8) ist Sohn / Tochter
Ich habe einen Sohn / eine Tochter.

Kui vana Te olete / sa oled?
wie alt ihr seid / du bist
Wie alt sind Sie / bist du?

Ma olen kakskümmend kaheksa.
ich bin achtundzwanzig
Ich bin achtundzwanzig.

Mis tööd Te teete / sa teed?
was Arbeit(3) ihr macht / du machst
Was arbeiten Sie / arbeitest du?

Bei der Angabe des Berufes unterscheidet man in der Regel nicht weibliche und männliche Bezeichnungen.

Ma olen ...	Ich bin ...
tööline	Arbeiter
arst	Arzt
talunik	Bauer
ametnik	Beamter, Angestellter
koduperenaine	Hausfrau
tõlk	Dolmetscher
insener	Ingenieur
ajakirjanik	Journalist
meditsiiniõde	Krankenschwester
õpetaja(nna)	Lehrer(in)
mänedžer	Manager
õpilane	Schüler
üliõpilane	Student
müüja(nna)	Verkäufer(in)
teadlane	Wissenschaftler

Kas saame jälle kokku?
ob (wir-)können wieder zusammen
Treffen wir uns wieder?

Millal me kokku saame?
wann wir zusammen (wir-)können
Wann sehen wir uns wieder?

Homme.
morgen
Morgen.

Teisipäeval.
Dienstag(8)
Am Dienstag.

Tuleval nädalal.
kommende-in(8) Woche-in(8)
Nächste Woche.

Floskeln & Redewendungen

Mit den folgenden Floskeln und Redewendungen kann man schon einen Großteil von Alltagsgesprächen meistern und Anerkennung ernten.

Zustimmung / Ablehnung

Jah.	Ja.
Hea küll! *gut schon*	Gut!
Päri! / Nõus!	Einverstanden!
Hea meelega! *gut(14) Sinn(14)*	Gerne!
Muidugi!	Natürlich! Klar!
Tore!	Prima!

Ei.	*nein*	Nein.
Palun mitte.	*(ich-)bitte nicht*	Bitte nicht.
Tänan, ei.	*(ich-)danke nein*	Nein danke.
Ei taha.	*nicht (ich-)will*	Ich will nicht.
Kahjuks mitte.	*leider nicht*	Leider nicht.
Ma ei viitsi.	*ich nicht Lust-habe*	Ich habe keine Lust.

Meinung, Beurteilung

Oh, kui kena!
Ach, wie nett!

See on väga meeldiv.
Das ist sehr angenehm.

See on lihtsalt jube.
Das ist einfach schrecklich.

Floskeln & Redewendungen

Minu meelest mitte.
mein(2) Sinn(6) nicht
Finde ich nicht.

Minu meelest on see lausa tobe.
mein(2) Sinn(6) ist dieses direkt doof
Das finde ich ganz doof.

Ma arvan teisiti.
ich glaube anders
Ich bin anderer Meinung.

Ei või olla!
nicht kann sein
Das kann nicht (wahr) sein!

Kas tõesti?
ob wirklich
Wirklich wahr?

Tõepoolest.
wirklich
Das ist wahr.

Eks ole?
nicht wahr
Nicht wahr?

On see võimalik?
ist dieses möglich
Ist das möglich?

Muidugi!
natürlich
Aber natürlich!

Võib olla.
kann sein
Kann sein.

Muidugi mitte!
Natürlich nicht!

Ilmselt mitte.
Anscheinend nicht.

Olete kindel?
(ihr-)seid sicher
Sind Sie sicher?

Selge see!
klar dieses
Klar!

Ma arvan küll.
ich glaube wohl
Ich glaube schon.

Ma ei ole päris kindel.
ich nicht sein(St.) ganz sicher
Ich bin nicht ganz sicher.

Kas oleks võimalik ...?
ob (es-)wäre möglich ...
Wäre es möglich ...?

Teil on õigus.
euch-bei(8) ist Recht
Sie haben Recht.

Teil / sul pole õigus.
euch-bei(8) / dir-bei(8) nicht-sein(St.) Recht
Sie sind / du bist im Unrecht.

See pole tõsi.
dieses nicht-sein(St.) ernst
Das stimmt nicht.

Tõsi.
ernst
Stimmt.

allgemeine Floskeln

Mis on lahti?
was ist offen
Was ist los?

Ei midagi.
nicht etwas
Nichts.

Ah nii?
Ach so?

Nii see on.
so dieses (es-)ist
So ist das.

Pole parata.
nicht-sein(St.) verbessern
Nichts zu machen.

Mis siis?
was dann
Na und?

Miks ka mitte?
warum auch nicht
Warum auch nicht?

Üks hetk!
ein Moment
Einen Moment!

Kuule! / Vaata!
hör(!) / schau(!)
Hör mal! / Sieh mal!

Mis see minu asi on?
was diese meine(2) Sache ist
Was geht mich das an?

Sich freuen / Sich unwohl fühlen

Kas Sul on paha tuju?
ob dir-bei(8) ist schlechte Laune
Hast du schlechte Laune?

Olen omadega läbi.
(ich-)bin mit-den-meinen(14) durch
Ich bin kaputt.

Ma tunnen end halvasti.
ich fühle sich(3) schlecht
Es geht mir nicht gut.

Ma olen väga rõõmus.
ich bin sehr froh
Ich freue mich sehr.

Oli väga rõõmustav.
(es-)war sehr erfreuend
Das (es) hat mich sehr gefreut.

Oli väga meeldiv.
(es-)war sehr angenehm.
Es hat mir sehr gut gefallen.

Unterwegs

Um sich in einer Stadt zurechtzufinden, muss man nach dem Weg fragen können.

in der Stadt

In den nebenstehenden Satz kann man alle (sinnvollen) Wörter aus der Wörterliste im Anhang ungebeugt einsetzen.

Vabandage, kus asub ...?
entschuldigt(!) wo ist ...
Entschuldigen Sie, wo ist ...?

puiestee	Allee
asutus	Amt
supelrand	Badestrand
raamatukogu	Bibliothek
büroo	Büro
mälestussammas	Denkmal
surnuaed	Friedhof
rahavahetuskoht	Geldwechselstelle

ülikool	Universität, Hochschule
kirik	Kirche
maantee	Landstraße
turg	Markt
muuseum	Museum
park	Park
raekoda	Rathaus
restoran	Restaurant
kool	Schule
linnamüür	Stadtmauer
tänav	Straße
torn	Turm
tee	Weg

Estnische Straßennamen stehen im 2. Fall (Genitiv). Dazu zwei schöne Beispiele:

Morgendämmerungsstraße, Tallinn (agu = Dämmerung)

Bohnenstraße, Tartu (uba = Bohne)

Die anziehendsten Stadtteile von Tallinn, der Hauptstadt Estlands, sind:

Toompea	Domberg (nur zu Fuß erreichbar)
vanalinn	Altstadt (Stadtkern)
Kadriorg	bevorzugte Wohngegend mit ausgedehnten Parkanlagen und Schloss
Kalamaja	reizvoller Szenestadtteil mit historischen Holzhäusern
Pirita	Stadtteil mit Badestrand und nahegelegener gleichnamiger Klosterruine

Historische deutsche Namen:
Catherinenthal

Fischermay (wörtl.: „Fischhaus")
(Sankt) Brigitten

mit dem Bus

bussijaam	Busbahnhof
troll	O-Bus (Trolleybus)
kiirbuss	Schnellbus
bussipeatus	Bushaltestelle
buss	Bus
tramm	Straßenbahn
ekspressbuss	Expressbus

Unterwegs

Der Bus ist das wichtigste öffentliche Verkehrsmittel. Die Busse – außer den Schnell- und Expressbussen – halten in jedem kleinen Dorf. Schnellbusse halten nur in größeren Orten, Expressbusse fahren ohne Zwischenhalt vom Ausgangs- zum Zielort.

Mis tramm läheb Kadriorgu?
was Straßenbahn geht Kadriorg-nach(4)
Welche Straßenbahn fährt nach Kadriorg?

Trammid number üks ja kolm.
Straßenbahn Nummer 1 und 3.

Kust väljub Pirita buss?
woher(6) hinausgeht Pirita(2)Bus
Von wo fährt der Bus nach Pirita?

Millisest peatusest buss väljub?
welcher-von(6) Haltestelle(6) Bus herauskommt
Von welchem Bussteig fährt der Bus?

Kas Te väljute?
ob ihr hinausgeht
Steigen Sie aus?

Palun öelge mulle, millal ma pean väljuma.
bitte sagt(!) mir(7) (ich-) wann ich muss hinausgehen
Können Sie mir Bescheid geben, wenn ich aussteigen muss?

Kust saab osta sõidupiletit?
woher(6) (er-)kann kaufen Fahrschein(3)
Wo gibt es Fahrscheine?

mit dem Zug

Zwar spielt die Eisenbahn keine sehr wichtige Rolle im heutigen Estland, doch ist in den letzten Jahren kräftig in neue Züge investiert worden. Mit dem Rail-Baltica-Projekt ist nun wieder eine zusammenhängende Verbindung Warschau – Tallinn in Planung.

Das estnische Streckennetz teilen sich drei Gesellschaften, die staatliche Eesti raudtee, Elektriraudtee *und* Edelaraudtee. *Bei letzteren funktioniert der Ticketverkauf online auch auf Englisch* (www.edel.ee). *Sonst kauft man die Fahrkarten am besten am Bahnhof.*

linnalähirong	Nahverkehrszug
kiirrong	Schnellzug
perroon	Bahnsteig
peatus	Haltestelle
sõiduplaan	Fahrplan
sõidupilet	Fahrkarte
piletikassa	Fahrkartenschalter
piletite müük	Fahrkartenverkauf
pagas	Reisegepäck
pakihoid	Gepäckaufbewahrung
magamisvagun	Schlafwagen
restoranvagun	Speisewagen
informatsioon, teated	Information, Auskunft
ärasõit – saabumine	Abfahrt – Ankunft

Palun üks pilet Pärnusse.
(ich-)bitte eine Fahrkarte Pärnu-nach(4)
Bitte einmal nach Pärnu.

Edasi ja tagasi.
vorwärts und zurück
Hin und zurück.

Kuhu Te tahate sõita?
wohin ihr wollt gehen
Wohin wollen Sie fahren?

Millal läheb rong Haapsallu?
wann geht Zug Haapsalu-nach(4)
Wann fährt ein Zug nach Haapsalu?

Kas ma pean ümber istuma?
ob ich muss um steigen
Muss ich umsteigen?

Millal jõuab rong Tartusse?
wann gelangt Zug Tartu-in(4)
Wann kommt der Zug in Tartu an?

Milliselt perroonilt rong väljub?
welchem-von(9) Bahnsteig(9) Zug herauskommt
Von welchem Bahnsteig fährt der Zug ab?

mit dem Taxi

Die Routentaxis sind etwas teurer als Busse, aber billiger als Taxis, und sie fahren die ganze Nacht hindurch.

Neben dem normalen Taxi gibt es noch das Linien- oder Routentaxi. Das sind mit Nummern versehene Minibusse für ca. zehn Personen, die bestimmte Strecken abfahren, auf denen man überall ein- und aussteigen kann.

takso	Taxi
marsruuttakso	Routen-Taxi
taksopeatus	Taxihaltestelle

Kas olete vaba?
ob (ihr-)seid frei
Sind Sie frei?

Kuhu?
wohin
Wohin?

Jaama, palun.
Bahnhof-zum(4) bitte
Zum Bahnhof bitte.

Palun peatage.
(ich-)bitte anhaltet(!)
Halten Sie bitte an!

Oodake siin.
wartet(!) hier
Warten Sie hier.

Kui palju see maksab?
wie viel dieses kostet
Wie viel kostet es?

mit dem Auto

In Estland muss ganzjährig mit Licht gefahren werden, im Winter besteht Winterreifenpflicht. Auch gilt in Estland die Null-Promille-Regel. Autobahnähnliche Straßen gibt es nur von Tallinn aus für einige Kilometer. Ländliche Nebenstraßen sind oft nicht asphaltiert.

Tankstellen gibt es überall ausreichend, häufig allerdings in Form von Automatentankstellen, bei denen man vorab mit der Karte bezahlen muss. An vielen Tankstellen mit Kassenbezahlung kann man außer Autozubehör auch Snacks, Lebensmittel und einige Haushaltswaren kaufen.

linnaplaan	Stadtplan	**ümbersõit**	Umleitung
kaart	Karte	**parkla**	Parkplatz
valgusfoor	Ampel	**sõitma**	fahren
ristmik	Kreuzung	**edasi**	weiter
tänav	Straße	**tagasi**	zurück
sõidutee	Fahrbahn	**vasakule**	nach links
kõnnitee	Bürgersteig	**paremale**	nach rechts
maantee	Landstraße	**otse**	geradeaus

Kuidas ma saan Tartusse?
wie ich kann Tartu-nach(4)
Wie komme ich nach Tartu?

Kui kaugel see on?
wie weit dieses ist
Wie weit ist es (noch)?

Palun näidake mulle seda kaardil.
(ich-)bitte zeigt(!) mir dieses(3) Karte-auf(8)
Zeigen Sie es mir bitte auf der Karte.

Kõigepealt pöörake vasakule, siis paremale ja siis sõitke otse edasi.
zuerst dreht(!) links-nach(7) dann rechts-nach(7) und dann fahrt(!) geradeaus weiter
Fahren Sie zuerst nach links, dann nach rechts, dann geradeaus.

Valgusfoori juures pöörake paremale.
Ampel(2) bei dreht(!) rechts-nach(7)
An der Ampel biegen Sie rechts ab.

Pöörake ümber!
dreht(!) um
Wenden Sie!

Sõitke edasi!
fahrt(!) weiter
Fahren Sie weiter!

Sõitke tagasi!
fahrt(!) zurück
Fahren Sie zurück!

Hinweisschilder

Kuri koer!	Bissiger Hund!
Stopp!	Stopp!
Sissepääs keelatud!	Eintritt verboten!
Väljasõit keelatud!	Ausfahrt verboten!
Parkimine keelatud!	Parken verboten!
Ettevaatust!	Vorsicht!
Mürk!	Gift!
Kasutamiskõlbmatu!	Ungenießbar!
... ei tööta!	... ist außer Betrieb
lõuna	Mittagspause
hädapidur	Notbremse
eluohtlik!	Lebensgefahr!
Mitte puudutada!	Nicht berühren!

Tanken / Panne

Kus on lähim bensiinijaam?
wo ist nächster Benzinbahnhof
Wo ist die nächste Tankstelle?

Kus on lähim autoteendindus?
wo ist nächste Autowerkstatt
Wo ist die nächste Werkstatt?

Auto on katki.
Auto ist kaputt
Das Auto ist kaputt.

Miski on korrast ära.
irgendetwas ist Ordnung-aus(6) weg
Etwas ist nicht in Ordnung.

Vaadake palun, mis autol viga on.
seht(!) (ich-)bitte was Auto-an(8) Fehler ist
Schauen Sie bitte nach, wo am Auto der Fehler liegt.

Tagumise ratta kumm on katki.
hinteren(2) Rades(2) Gummi ist kaputt
Der Hinterreifen ist kaputt.

Aku on läbi.
Akkumulator ist durch
Die Batterie ist kaputt.

Palun võtke mind sleppi.
(ich-)bitte nehmt(!) mich(3) Schlepp-in(4)
Bitte schleppen Sie mich ab.

Kui palju ma võlgnen?
wie viel ich schulde
Was bin ich Ihnen schuldig?

Millal ma võin autole järele tulla?
wann ich kann Auto(7) nach kommen
Wann ist das Auto wieder fertig?

mit dem Schiff

Außer nach Hiiumaa, Saaremaa und Muhu gibt es Verbindungen nach Aegna, Abruka, Vormsi, Kihnu und zu anderen kleinen Inseln, zu denen man Vergnügungsfahrten buchen kann.

Schiffsfahrkarten bekommt man in der Stadt an den Kassen der Schiffslinien und am Hafen. Schiffe fahren im Linienverkehr nach Helsinki (mehrmals täglich, auch mit Schnellbooten), Stockholm und Rostock.

kai	Anlegeplatz
tekk	Deck
tekikoht	Deckplatz
sadam	Hafen
kajut	Kabine
ristlus	Kreuzfahrt
majakas	Leuchtturm
päästerõngas	Rettungsring
päästevest	Schwimmweste

Millal läheb laev Helsingisse?
wann geht Schiff Helsinki-nach(4)
Wann fährt ein Schiff nach Helsinki?

Ma tahaksin laevaga sõita.
ich würde-wollen Schiff-mit(14) fahren
Ich möchte mit dem Schiff fahren.

Kui kaua see sõit kestab?
wie lange diese Fahrt dauert
Wie lange dauert die Fahrt?

Kust väljub Kieli laev?
woher(6) hinausgeht Kiel(2) Schiff
Von wo legt das Schiff nach Kiel ab?

Palun reserveerige mulle kajut.
(ich-)bitte reserviert(!) mir(7) Kabine
Reservieren Sie mir bitte eine Kabine.

mit dem Flugzeug

Auf dem Tallinner Flughafen gelten natürlich die üblichen internationalen Bezeichnungen und Symbole. Das Personal ist mehrsprachig. Am weitesten kommt man hier mit Englisch.

Es gibt Inlandsflüge zu den größeren Inseln Saaremaa und Hiiumaa, und auch Direktflüge ins Ausland, u. a. nach Hamburg, Frankfurt, Wien und Amsterdam.

Kust väljub lennujaama buss?
woher(6) hinausgeht Flughafen(2) Bus
Von wo fährt der Bus zum Flughafen ab?

Helsinki lennuk väljub kell ...
Helsinki(2) Flugzeug hinausgeht Uhr ...
Das Flugzeug nach Helsinki startet um ... Uhr. *(Durchsage)*

On alanud registreerimine lennule number kaks Tallinn–Stockholm.
ist begonnen Registrieren Flug-für(7) Nummer zwei Tallinn–Stockholm
Der Check-in für den Flug Nr. 2 Tallinn–Stockholm hat begonnen.

Übernachten

In jeder Stadt gibt es Hotels aller Preiskategorien. In den großen Hotels in Tallinn ist das Personal mehrsprachig. Private Vermieter bieten „Bed & Breakfast“, und in vielen kleinen Gasthöfen gibt es Urlaub auf dem Lande, verbunden mit Freizeitaktivitäten. Eine private Unterkunft ist die beste Möglichkeit, Land und Leute kennen zu lernen.

Mit einem Smartphone können Sie sich die mit einem ☊ gekennzeichneten Sätze dieses Kapitels anhören.

Hotel *(hotell)*

toavõti	Zimmerschlüssel
esimene korrus	Erdgeschoss *(estn.: erste Etage)*
teine korrus	erste Etage *(estn.: zweite Etage)*
lift	Lift
dušš	Dusche
vannituba	Bad

☊ **Kus ma saan ööbida?**
wo ich kann übernachten
Wo kann ich übernachten?

☊ **Kas Teil on vaba tuba?**
ob bei-euch(8) sind frei(3) Zimmer(3)
Haben Sie ein freies Zimmer?

☊ **Kas on ka teisi võimalusi?**
ob sind auch andere(3) Möglichkeiten(3)
Gibt es noch andere (Übernachtungs-) Möglichkeiten?

Kui palju maksab üks ööpäev?
wie viel kostet ein Nachttag
Wie viel kostet eine Übernachtung?

Üks tuba kahele, palun.
ein Zimmer zwei-für(7) (ich-)bitte
Ein Zweibettzimmer, bitte.

Kui kauaks Te jääte?
wie lange ihr bleibt
Wie lange werden Sie bleiben?

Ma jään kaheks ööpäevaks / üheks nädalaks.
ich bleibe zwei(10) Nachttage(10) / eine(10) Woche(10)
Ich bleibe zwei Tage / eine Woche.

Mul on veel … *(+ 3.)* **vaja.**
mir ist noch … nötig
Ich brauche noch …

patja	Kissen
tekki	Decke
käterätikut	Handtücher
tualettpaberit	Toilettenpapier
raadiot	Radio
televiisorit	Fernseher

Camping *(kämping)*

Camping und Motels sind die preiswertesten Unterkunftsmöglichkeiten, und es gibt sie überall. Camping bedeutet auch das Mieten von kleinen Blockhütten. Auf dem Land findet man immer mehr Bauernhöfe, die Zimmer und Ferienwohnungen vermieten. Dies ist eine willkommene Einnahmequelle für die Bauern, um den Rückgang der Landwirtschaftseinnahmen zu kompensieren. In der Regel kann man sein Zelt überall in der freien Natur aufschlagen, außer wenn folgende Schilder angebracht sind:

eramaa / eravaldus	Privatgrundstück
telkimine keelatud	Zelten verboten

Man sollte sich vor allem nach der Waldbrandwarnung erkundigen. Tuleohtlik! (Feuergefährlich!) weist darauf hin, dass das Gebiet waldbrandgefährdet ist.

Kas siin tohib nädal aega telkida?
ob hier (er/sie-)kann Woche Zeit zelten
Kann man hier eine Woche zelten?

Kas kämpinguplats on valvega?
ob Campingplatz ist Wache-mit(14)
Ist der Zeltplatz bewacht?

Kas seal pesta saab?
ob dort waschen (er/sie-)kann
Kann man sich dort waschen?

Sooja vett ei ole.
warmes(3) Wasser(3) nicht sein(St.)
Es gibt kein warmes Wasser.

Zu Gast sein

Wenn man privat eingeladen ist, sollte man unbedingt eine kleine Aufmerksamkeit, am besten Blumen, Wein oder Pralinen mitbringen. Die Esten lieben Blumen sehr. Kornblumen sind die „Nationalblumen", und es ist eine besonders nette Geste, sie zu verschenken. Kinder freuen sich – wie überall – über Süßigkeiten.

Man zieht in privaten Räumen praktisch immer die Schuhe aus. Auch wenn vermietete Gästezimmer mit im Haus des Vermieters liegen, kann es passieren, dass man aufgefordert wird dafür bereitstehende Schlappen zu tragen.

Kas Te tuleksite meile külla?
ob ihr würdet-kommen uns-zu(7) Besuch
Würden Sie uns besuchen?

Meelsasti.
gerne
Gerne.

Kas ma tohin Teile tulla?
ob ich darf euch-zu(7) kommen
Darf ich Sie besuchen?

Viele in der Stadt lebende estnische Familien haben ein Sommerhaus (suvila) entweder am Meer (mere ääres) oder irgendwo auf dem Lande (maal). Das ist eine gute Ausweichmöglichkeit, wenn man jemanden privat besucht.

Kas Te jääte ööseks meile?
ob ihr bleibt Nacht-zur(10) uns-bei(7)
Bleiben Sie über Nacht bei uns?

Jah, kui tohib.
ja wenn (er/sie-)darf
Ja, wenn ich darf.

Mit einem Smartphone können Sie sich die mit einem gekennzeichneten Sätze dieses Kapitels anhören.

Auf dem Land

Gerät man unterwegs in eine Notsituation, kann man auch den nächstgelegenen Bauernhof (talu) aufsuchen und um ein Nachtquartier oder um Hilfe bitten. Man wird in solchen Fällen nicht abgewiesen. Zum Dank sollte man Bezahlung anbieten.

perenaine	Bäuerin	**tall**	Pferdestall
peremees	Bauer	**reha**	Rechen
puud	Bäume	**regi**	Schlitten
peenar	Beet	**kuur**	Schuppen
lilled	Blumen	**ait**	Speicher
kaev	Brunnen	**laut**	Stall
ämber, pang	Eimer	**põõsad**	Sträucher
hang	Heugabel	**väljakäik**	Toilette
käru	Karren	**vanker**	Pferdewagen

Kas ma tohin Teie juures ööbida?
ob ich darf euch(2) bei übernachten
Darf ich bei Ihnen übernachten?

Te võite siin magada.
ihr könnt hier schlafen
Sie können hier schlafen.

kukk	Hahn	**lehm**	Kuh
kana	Huhn	**hobune**	Pferd
koer	Hund	**lammas**	Schaf
rebane	Fuchs	**siga**	Schwein
kass	Katze	**kits**	Ziege

Sauna

Die Saunatradition ist ursprünglich von Estland nach Finnland gekommen. Sie genießt einen hohen Stellenwert. Hotels und öffentliche Bäder, auch die komfortableren Campingplätze haben meistens eine Sauna. Ein Bauernhof ohne Sauna ist undenkbar. Ideal ist eine am Wasser gelegene Sauna, nach der man das natürliche kühle Nass genießen kann. Im Winter kühlt man sich im Schnee ab. Die Sauna wird nicht immer nach Frauen und Männern getrennt. Wenn man in die Sauna geht, wünscht man sich **Hüva leili!** (Guten Aufguss!).

Ursprünglich diente die Sauna der Körperreinigung. Heutzutage kommt noch der Aspekt der „Gemütlichkeit" und Entspannung hinzu.

saunalava	Sitzbänke in der Sauna
käterätik	Handtuch
saunalina	Badetuch für die Sauna
kapp	Wassergefäß
leil	Aufguss
leili viskama	einen Aufguss machen
vihtlema	sich mit Bündeln aus Birkenruten schlagen
soe vesi	warmes Wasser
külm vesi	kaltes Wasser

Dorf der russischstämmigen Altgläubigen am Peipussee

Einkaufen

Die großen Einkaufszentren haben 7 Tage die Woche von 9:00 bis 22.00 Uhr geöffnet, ebenso die „normalen" Supermärkte. Auch am Sonntag ist dort geöffnet, zumeist bis 21.00 Uhr. Kleinere Geschäfte haben meist auch die ganze Woche geöffnet, aber kürzer.

In Tallinn und anderen größeren Städten sind in den letzten Jahren große Malls sowie kleinere, elegante und teure Kaufhäuser entstanden. Auch gibt es kleine Fachgeschäfte und Boutiquen, die zu einem Bummel einladen, sowie moderne Kunsthandlungen, in denen Originale angeboten werden. Auf dem Land sterben die Kramläden langsam aus. Ersatz bieten dort Warenautos (lavka), die ein- bzw. mehrmals wöchentlich ihre Routen fahren.

im Kaufhaus / im Geschäft

Auf dem Lande gelten oft andere Öffnungszeiten.

Mida Te soovite?
was(3) ihr wünscht
Was wünschen Sie?

Kui palju see maksab?
wie viel dieses kostet
Wie viel kostet das?

See on liiga kallis.
dieses ist zu teuer
Das ist zu teuer.

Kas midagi muud ei ole?
ob etwas anderes(3) nicht sein(St.)
Gibt es nichts anderes?

Kas Teil on väiksemat / suuremat numbrit?
ob euch-bei(7) ist kleinere(3) / größere(3) Nummer(3)
Haben Sie eine kleinere / größere Größe?

Kus ma saan seda selga proovida?
wo ich kann dieses(3) Rücken-auf(4) probieren
Wo kann ich das anprobieren?

Kas see on kõik?
ob dieses ist alles
Ist das alles?

Tänan, see on kõik.
danke dieses ist alles
Danke, das ist alles.

Palun nendest kolm (tükki).
ich bitte diesen-von(6) drei (Stück(3))
Bitte drei (Stück) hiervon.

Palun pakkige see ära.
(ich-)bitte packt(!) dieses weg
Bitte packen Sie es ein.

Abteilungen im Kaufhaus bzw. Geschäftsbezeichnungen:

... osakond	...-Abteilung
meeste ...	Herren-...
naiste ...	Damen-...
laste ...	Kinder-...
leib, sai	Bäckerei
rõivad	Bekleidung
lilled	Blumen
lillekauplus	Blumengeschäft
raamatud	Bücher
parfümeeria	Drogerie
elektritarbed	Elektrowaren
liha, vorst	Fleisch, Wurst
käsitöö	Kunsthandwerk
majapidamistarbed	Haushaltswaren
kondiitritooted	Konditoreiwaren
pudukaubad, galanterii	Kurzwaren
toidukaubad	Lebensmittel
portselan	Porzellan
ehted	Schmuck

Es lohnt sich, estnische Souvenirgeschäfte aufzusuchen. Estnische Souvenirs sind meist in Handarbeit gefertigte Gegenstände von hohem künstlerischen und Gebrauchswert, wie Artikel aus Leinen, aber auch Lederarbeiten (Geldbörsen, Brieftaschen, Buchhüllen), Holzarbeiten sowie kunstvoll handgestrickte Pullover, Jacken, Socken u. a. aus reiner Schafwolle.

kirjatarbed	Schreibwaren
jalatsid	Schuhe
suveniirid, meened	Souvenirs
sporditarbed	Sportwaren
kellad	Uhren
pesu	Wäsche
tööriistad	Werkzeuge
ajakirjad	Zeitschriften
ajalehed	Zeitungen

auf dem Markt

Auf dem Markt (turg) gibt es meist feste Preise, gehandelt wird kaum noch. Die Märkte beginnen täglich gegen 7 Uhr und enden gegen 19 Uhr, eigentlich so lange es hell ist und es Käufer gibt. Obst und Gemüse wird nach Kilo bzw. Gramm verkauft, frische Beeren jedoch gläser- oder literweise.

Palun kaks kilo kartuleid.
(ich-)bitte zwei Kilo Kartoffeln(3)
Bitte zwei Kilo Kartoffeln.

Ja lisaks üks klaas vaarikaid.
und zusätzlich ein Glas Himbeeren(3)
Und dann noch ein Glas Himbeeren.

Üks kilo seeni ja üks kimp peterselli.
ein Kilo Pilze(3) und ein Bund Petersilie(3)
Ein Kilo Pilze und ein Bund Petersilie.

Kes on järgmine?
wer ist nächster
Wer ist der Nächste?

Mida Te soovite?
was(3) ihr wünscht
Was darf's sein?

Mida veel?
was(3) noch
Was noch?

Ei midagi, tänan.
nicht etwas (ich-)danke
Danke, nichts.

Tänan, see on kõik.
danke dieses ist alles
Danke, das ist alles.

See teeb kokku kaksteist eurot.
dieses macht zusammen zwölf Euro(3)
Das macht zwölf Euro.

Kust saab pruugitud asju osta?
von-wo(6) (man-)kann gebrauchte(3) Sachen(3) kaufen
Wo kann man gebrauchte Sachen kaufen?

handeln

See on liiga kallis.
dieses ist zu teuer
Das ist zu teuer.

Näidake seda, palun.
zeigt(!) dieses(3) bitte
Zeigen Sie das hier, bitte.

Ma maksan selle eest kaks eurot.
ich bezahle dieses(2) für zwei Euro(3)
Ich zahle dafür zwei Euro.

Kas Te odavamalt ei müü?
ob ihr billiger nicht verkaufen(St.)
Verkaufen Sie nicht billiger?

Võtan selle, aga natuke odavamalt.
(ich-)nehme das(2) aber etwas billiger
Ich nehme das, aber billiger.

Supermarkt & Einkaufszentrum

Überall im Land findet man große Einkaufszentren, in denen sich neben großen Supermärkten alle Arten von Fachgeschäften fin-

Die großen Supermärkte haben in der Regel täglich von 8 bis 22 Uhr geöffnet. Sie öffnen auch sonntags (dann nur eine Stunde kürzer). Klassische Kaufhäuser gibt es in Tallinn mit dem Kaubamaja und Stockmann.

den. Das größte Zentrum dieser Art, das Lõunakeskus bei Tartu, beherbergt auch gleich noch ein Eishockeyfeld. Dafür gibt es innerstädtische Einkaufsstraßen praktisch nicht.

Milchprodukte & Eier *(piimatooted ja munad)*

piim	Milch	**kohvikoor**	Kaffeesahne
keefir	Kefir	**hapukoor**	saure Sahne
pett	Buttermilch	**rõõsk koor**	süße Sahne
või	Butter	**vahukoor**	Schlagsahne
hapupiim	Dickmilch	**kohuke**	Quarkrolle mit
Sauermilch			Schokoglasur
juust	Käse	**kohupiim**	Quark
jäätis	Eis	**munad**	Eier

Obst & Gemüse *(puuvili ja juurvili)*

õunad	Äpfel	**porgandid**	Mohrrüben
pirnid	Birnen	**ploomid**	Pflaumen
mustikad	Blaubeeren	**pohlad**	Preiselbeeren
lillkapsas	Blumenkohl	**redised**	Radieschen
maasikad	Erdbeeren	**peet**	Rote Bete
kurgid	Gurken	**salat**	(Kopf-)Salat
vaarikad	Himbeeren	**kaalikad**	Steckrüben
kartulid	Kartoffeln	**tomatid**	Tomaten
küüslauk	Knoblauch	**sidrunid**	Zitronen
kapsas	Kohl	**sibulad**	Zwiebeln

Fleisch & Wurst *(liha ja vorst)*

liha – loomaliha	Fleisch – Rindfleisch
sealiha	Schweinefleisch
lambaliha	Lammfleisch
kanaliha	Hühnerfleisch

hakkliha	Gehacktes
vorst – sink	Wurst – Schinken
viinerid	Wiener Würstchen

Fisch *(kala)*

ahven	Barsch	**lõhe**	Lachs
lest	Flunder	**makrell**	Makrele
forell	Forelle	**kilu**	Sprotte „Kilu“
haug	Hecht	**räim**	Strömling
heeringas	Hering	**koha**	Zander
tursk	Kabeljau		

Getreide *(teravili)*

makaronid	Nudeln	**kaerahelbed**	Haferflocken
jahu	Mehl	**riis**	Reis

Brot & Kuchen *(leib ja koogid)*

saiakesed	Brötchen	**pirukas**	Pirogge
vormileib	Kastenbrot	**rukkileib**	Roggenbrot
küpsised	Kekse	**tort**	Torte
kook	Kuchen	**tästeraleib**	Vollkornbrot
sepik	Mischbrot	**sai**	Weißbrot

Kräuter & Gewürze *(rohud ja vürtsid)*

till	Dill	**rosmariin**	Rosmarin
köömen	Kümmel	**sool**	Salz
majoraan	Majoran	**murulauk**	Schnittlauch
petersell	Petersilie	**sinep**	Senf
valge pipar	weißer Pfeffer	**tüümian**	Thymian
must pipar	schwarz. Pfeffer	**suhkur**	Zucker

Essen & Trinken

Mit einem Smartphone können Sie sich die mit einem gekennzeichneten Sätze dieses Kapitels anhören.

Generell kann man in Estland gut und relativ günstig essen, letzteres jedenfalls außerhalb der Tallinner Altstadt. Nicht nur gehobenen Restaurants, sondern auch Kneipen, Cafés und Gasthäuser bieten häufig eine hochwertige warme Küche an. Bemerkenswerterweise ist die traditionelle estnische Küche in einer modernisierten Form höchst lebendig geblieben und nicht durch internationale Einflüsse verdrängt worden. So bekommt man in angesagten Tallinner Cafés Grießbrei zum Frühstück, und es gibt Burger mit Rote-Bete-Scheiben. Bei den internationalen Restaurants sind die zahlreichen georgischen Lokale auffällig. Ansonsten sind wie in anderen Ländern auch asiatische und italienische Restaurants beliebt.

im Restaurant / Café

Die söökla *hat weniger im Angebot, ist aber dennoch gut und preiswert. Dort bekommt man allerdings keinen Alkohol.*

restoran	Restaurant
söökla	Kantine, Selbstbedienungslokal
õllesaal	Bierstube
kohvik	Café
baar	Bar

Kas Teil on kohti?
ob euch-bei(8) sind Plätze(3)
Haben Sie freie Plätze?

Vabu kohti ei ole.
freie(3) Plätze(3) nicht sein(St.)
Es gibt keine freien Plätze.

Meid on kolm.
wir(3) sind drei
Wir sind zu dritt.

Kas saame siin lõunat süüa?
ob (wir-)können hier Mittag(3) essen
Können wir hier Mittag essen?

Kas siin on vaba? **Ei, see koht on kinni.**
ob hier ist frei *nein dieser Platz ist zu*
Ist hier frei? Nein, der Platz ist besetzt.

Mida Te täna pakute?
was(3) ihr heute anbietet
Was empfehlen Sie heute?

Palun andke mulle söögikaart / menüü.
(ich-)bitte gebt(!) mir-zu(7) Speisekarte / Menü
Bitte geben Sie mir die Speisekarte / das Menü.

Palun kaks seljankat.
(ich-)bitte zwei Soljanka(3)
Bitte zwei Soljanka-Suppen.

Palun veel kord sedasama.
(ich-)bitte nochmal dasselbe(3)
Bitte noch einmal das Gleiche.

Nachdem man gezahlt hat, lässt man üblicherweise ein kleines Trinkgeld (etwa 10 %) auf dem Tisch zurück.

Kuidas maitses?
wie (es-)schmeckte
Hat es geschmeckt?

Tänan, oli väga maitsev.
danke (es-)war sehr schmackhaft
Danke, es hat sehr gut geschmeckt.

Palun arvet.
(ich-)bitte Rechnung(3)
Bitte die Rechnung.

privat / in der Familie

hommikusöök	Frühstück
lõunasöök	Mittagessen
õhtusöök	Abendbrot

Man frühstückt kräftig: Meist gibt es Brot, Butter, Käse, Wurst, Marmelade, Kaffee und zusätzlich einen Brei (puder) bzw. Haferbrei (kaerapuder).

Auch in der Kantine (söökla) *bekommt man ein günstiges warmes Essen.*

Mittags gehen Berufstätige oft in Lokale essen, die dann ein günstiges Tagesgericht (päevapraad) anbieten. Schulen sind meist mit eigenen Küchen ausgestattet, warmes Schulessen ist ab der ersten Klasse Standard. In der Familie wird am ehesten abends gemeinsam gegessen. Traditionell gibt es Brot zu allen Mahlzeiten. Als Getränk zum Essen sind Milch und Kefir seltener geworden, aber noch zu finden. Esten trinken gern und viel Kaffee.

Tulge sööma!
kommt(!) essen
Kommt essen!

Head isu!
guter(3) Appetit(3)
Guten Appetit!

Kuidas maitseb?
wie (es-)schmeckt
Wie schmeckt es?

Väga hästi maitseb.
sehr gut (es-)schmeckt
Es schmeckt sehr gut.

Palun võta / võtke veel!
(ich-) bitte nimm(!) / nehmt(!) noch
Bitte nimm / nehmen Sie noch!

Tänan, mu kõht on täis.
(ich-)danke mein Bauch ist voll
Danke, ich bin satt.

Aitäh söögi eest!
danke Essen(2) für
Danke für das Essen!

Mida Te tahate / sa tahad juua?
was(3) ihr wollt / du willst trinken
Was wollen Sie / willst du trinken?

estnische Spezialitäten

Die estnische Küche hat Einflüsse aus der russischen (Suppen, Piroggen), der deutschen (Kartoffeln und Schweinebraten) und der skandinavischen, aber insgesamt doch einen eigenständigen Charakter. Sie ist eher bodenständig und verwendet einfache Zutaten. Neben den genannten findet man Karotten und

Steckrüben, Rote Bete und Kohl, Eier und Speck, Beeren, Pilze, Hering und Wild. Wer dabei an fettige, schwere Hausmannskost denkt, sollte in eines der zahlreichen Restaurants gehen, die eine moderne estnische Küche servieren, teils inspiriert durch internationale Einflüsse. In Unterkünften auf dem Land bekommt man häufig äußerst schmackhafte estnische Speisen aus lokalen Zutaten.

Kamajahu *rührt man mit Zucker in saure Milch ein. Das schmeckt erfrischend und ist nahrhaft.*

kamajahu	Mehl aus geröstetem Getreide und gerösteten Hülsenfrüchten
kissell	Fruchtsuppe, ähnlich Kaltschale, kann aber auch warm gegessen werden
korp	süße Quarkpiroggen aus Hefeteig
mulgi kapsad	Sauerkraut mit Graupen
pirukad	Piroggen (Teigtaschen mit beliebiger Füllung, z. B. Hackfleisch, Kohl, Süßes usw.)
puljong	Bouillon
seapraad	Schweinebraten
soolasilk	eingesalzener Strömling
soolatud sealiha	gepökeltes Schweinefleisch
sült	Sülze

Trinken

Getränk Nr. 1 ist der Kaffee, den man zu allen Tages- und Jahreszeiten trinkt. „Kännchen" sind in Estland unbekannt; Kaffee wird in Tassen ausgeschenkt. Tee wird auch gern getrunken, ist aber nicht so verbreitet. Zum

Durstlöschen ist morss beliebt, ein Saft aus egal welchen Früchten. Auch wird Mineralwasser, wie auch die verschiedenen Limonaden, getrunken. Bier, Wein und andere alkoholische Getränke gibt es eher bei Feierlichkeiten bzw. bei der Bewirtung von Gästen.

Ein typisch estnisches Erfrischungsgetränk ist das aus vergorenem Brot hergestellte kali *(anderswo bekannt unter dem russischen Namen „Kwas“). Traditionell erzeugt ist es schwach alkoholisch, das limonadenähnlichere Industrieprodukt ist alkoholfrei. Eine der größten Marken,* Linnuse kali, *wurde von Coca Cola aufgekauft. Zudem gibt es noch* limonaad *aus alten Sowjetzeiten.*

Kas ma tohin Teile tassi kohvi pakkuda?
ob ich darf euch(7) Tasse(2) Kaffee(3) anbieten
Darf ich Ihnen eine Tasse Kaffee anbieten?

Jah, tänan väga.
ja (ich-)danke sehr
Ja, vielen Dank.

Kas Te soovite veel kohvi?
ob ihr wünscht noch Kaffee(3)
Möchten Sie noch (eine Tasse) Kaffee?

Kas Te soovite koort ja suhkrut?
ob ihr wünscht Sahne(3) und Zucker(3)
Nehmen Sie Sahne und Zucker?

Ei, ma joon musta kohvi.
nein ich trinke schwarzer(3) Kaffee(3)
Nein, ich trinke schwarzen Kaffee.

kohv	Kaffee
tee	schwarzer Tee
maarohutee	Kräutertee
(kohvi)koor	(Kaffee-)Sahne
suhkur	Zucker
tass – klaas	Tasse – Glas
pits	kleines Schnapsglas

Kostenlos in Gaststätten erhält man jäävesi *(Eiswasser).*

kann	Kanne
lusikas	Löffel
morss, mahl	Fruchtsaft
mineraalvesi	Mineralwasser
jäävesi	Eiswasser ohne Kohlensäure
limonaad – kali	Limonade – Kwas
õlu – vein	Bier – Wein

alkoholische Spezialitäten

Außer diesen Schnäpsen gibt es noch den hausgemachten Obstwein (koduvein) *und das selbstgebraute Bier* (koduõlu).

„Vana Tallinn"	Kräuterlikör, süß
„Kännu kukk"	roter, herber Kümmellikör
„Viru valge"	Klarer, normal
„Valge kange"	Klarer, sehr stark

Terviseks!
Gesundheit-zu(10)
Zum Wohl!

Proosit!
Prosit
Prosit!

Kas võtame veel ühe pitsi?
ob (wir-)nehmen noch ein Schnapsglas(2)
Nehmen wir noch einen?

Jah, aga las mina maksan.
ja aber lass(!) ich bezahle
Ja, aber ich zahle.

Ma olen natuke vintis.
ich bin bisschen beschwipst
Ich bin ein wenig beschwipst.

Ma olen päris täis.
ich bin ganz voll
Ich bin voll.

Bank, Post, Behörden

Die Währung Estlands ist seit dem 1. Juni 2011 der Euro (euro), zuvor seit 1992 die Krone (kroon). Die Untereinheiten werden in beiden Fällen sent genannt (1 euro = 100 senti). Das Geldtauschen ist nunmehr hinfällig geworden. Man bekommt Bargeld an den vielen Geldautomaten; die EC-Karte reicht hier aus.

Die gängigen Kreditkarten werden in den meisten Hotels, Geschäften und Restaurants akzeptiert. Banken verlangen bei einer Barauszahlung einen Ausweis oder Pass.

Bank *(pank)*

Banken sind üblicherweise von Montag bis Freitag von 9 oder 10 bis 17 oder 18 Uhr geöffnet.

Ma tahaksin raha vahetada.
ich würde-wollen Geld(3) tauschen
Ich möchte Geld umtauschen.

Mis kurss praegu kehtib?
was Kurs jetzt gilt
Wie ist der Umtauschkurs?

Kas Te saate raha vahetada?
ob ihr könnt Geld(3) wechseln
Können Sie Geld wechseln?

Kus siin on pangaautomat?
wo hier ist Geldautomat
Wo ist hier ein Geldautomat?

Kas ma saan krediitkaardiga maksta?
ob ich kann Kreditkarte-mit(14) bezahlen
Kann ich mit Kreditkarte bezahlen?

Šveitsi frank	Schweizer Franken
krediitkaart	Kreditkarte
pangakaart	Scheckkarte
aktsepteerima	akzeptieren
pangaautomaat	Geldautomat

Post *(postkontor)*

Die Postämter sind in der Regel werktags von 9 bis 18 Uhr geöffnet.

Postkontor on avatud / suletud.
Post ist geöffnet / geschlossen
Die Post ist geöffnet / geschlossen.

Kust saab osta kirjamarke?
von-wo(6) (er/sie-)kann kaufen Briefmarken(3)
Wo kann man Briefmarken kaufen?

Kui palju maksab kaart / kiri Saksamaale / Šveitsi?
wie viel kostet Karte / Brief Deutschland-nach(7) / Schweiz-nach(4)
Wie viel kostet eine Karte / ein Brief nach Deutschland / in die Schweiz?

Telefon & Internet

Die Software für Skype ist eine estnische Entwicklung!

Estland hat seit 2011 sämtliche öffentlichen Telefonzellen abgebaut, da es angesichts der Vollversorgung mit Mobiltelefonen und WLAN keine Nachfrage mehr gab. Dafür hat man aber eine hochmoderne Skype-Zelle!

Mis on Austria suunakood?
was ist Österreich(2) Vorwahl
Wie lautet die Vorwahl nach Österreich?

Kui palju maksab üks kõneminut Saksamaale?
wie viel kostet eine Gesprächsminute Deutschland-nach(7)
Wie viel kostet eine (Gesprächs-)Minute nach Deutschland?

telefoniautomaat, taksofon	Telefonzelle
helistama	telefonieren
kõne	Gespräch
telefoninumber	Telefonnummer
telefoniraamat	Telefonbuch
suunakood	Vorwahlnummer
teated	Auskunft
ühendus	Verbindung

Estland gilt als das Pionierland bei der Verbreitung moderner Kommunikationstechnologien schlechthin. So ist das Land auch flächendeckend mit digitalen Mobilfunknetzen versorgt. Mit einem Smartphone kann man übrigens selbst Kleinbeträge bargeldlos bezahlen.

Sooviksin osta kõnekaardi oma mobiiltelefonile.
(ich-)würde-wünschen kaufen Gesprächskarte(2) eigenes Mobiltelefon(7)
Ich möchte eine Prepaid-Karte für mein Mobiltelefon kaufen.

Bank, Post, Behörden

Nach dem Wegfall der Roamingkosten innerhalb der EU kann man das eigene Handy problemlos nutzen. Man zahlt also nur die Gebühren, die man auch im eigenen Land zahlt. Wer länger im Land bleibt, kann sich auch eine lokale SIM-Karte kaufen. Karten mit einer eigenen neuen Telefonnummer gibt es ab 20 Euro.

Das Internet wird von einem sehr großen Teil der Bevölkerung genutzt. Im Land gibt es 700 öffentliche Internetpunkte (WLAN-Hotspots), die mit einem „@"-Schild gekennzeichnet sind – sogar am Badestrand!

Kas siin on internetikohvikut?
ob hier ist Internetcafé(3)
Gibt es hier ein Internetcafé?

Kui palju maksab üks tund interneti kasutamist?
wie viel kostet eins Stunde Internet(2) Benutzung(3)
Wieviel kostet die Nutzung des Computers pro Stunde?

Ma sooviksin meilida.
ich würde-wünschen mailen
Ich möchte gerne E-Mails abrufen / verschicken.

Kas ma saaksin selle meili välja printida?
ob ich könnte diese Mail(2) aus drucken
Kann ich diese E-Mail ausdrucken?

mobiiltelefon	Mobiltelefon
kõnekaart	Prepaid-Karte
internet	Internet
internetikohvik	Internetcafé
meil	E-Mail
printima	ausdrucken

Polizei *(politsei)*

Die Polizei hat wie in Deutschland die Telefonnummer 110.

Mu rahakott / võti / paberid on kadunud.
mein Portemonnaie / Schlüssel / Papiere sind verschwunden
Mein Portemonnaie / Schlüssel / meine Papiere ist / sind verschwunden.

Ma kaotasin oma isikutunnistuse.
ich verlor eigen Ausweis(2)
Ich habe meinen Ausweis verloren.

Mult varastati kott / autovõtmed.
mir-von(9) (man-)stahl Tasche / Autoschlüssel(Mz)
Man hat mir die Tasche / die Autoschlüssel gestohlen.

Ausfüllen von Formularen

Palun täitke see blankett ära.
(ich-)bitte füllt(!) dieses Formular weg
Bitte füllen Sie dieses Formular aus.

Polizeiwagen in der Altstadt von Tallinn

Bank, Post, Behörden

aadress	Adresse
töökoht	Arbeitsstelle
haridus	Ausbildung
isikutunnistus	Ausweis
amet	Beruf
kuupäev	Datum
luba	Erlaubnis
perekonnaseis	Familienstand
blankett	Formular
neiupõlvenimi	Geburtsname *(bei Frauen)*
sünnikoht	Geburtsort
sünnipäev, -kuu, -aasta	Geburtstag, -monat, -jahr
maa	Land
rahvus	Nationalität
pass	Pass
usk	Religion
kodakondsus	Staatsbürgerschaft
tänav	Straße
tegevusala	Tätigkeitsbereich
allkiri	Unterschrift
dokument	Urkunde
ees- ja perekonnanimi	Vor- und Nachname
elukoht	Wohnort

Schloss Alatskivi in der Nähe des Peipussees

Fotografieren

Filme kann man problemlos vor Ort kaufen, und besondere Einschränkungen, was das Fotografieren anbelangt, gibt es nicht.

film	Film
värvifilm	Farbfilm
ilmutama	entwickeln
fotoaparaat	Fotoapparat
pildistama	fotografieren
diafilm	Diafilm
must-valge	schwarz-weiß
negatiiv	Negativ
videokaamera	Videokamera
digitaalkaamera	Digitalkamera
filmima	filmen

Kas ma tohin Teid pildistada?
ob ich darf euch(3) fotografieren
Darf ich Sie fotografieren?

Kas siin tohib pildistada?
ob hier (er/sie-)darf fotografieren
Darf man hier fotografieren?

Kose, Portal der Dorfkirche

Rauchen

Auch in Estland gelten mittlerweile ähnlich strenge Gesetze gegen das Rauchen in öffentlichen Lokalen wie bei uns. Allerdings sind abgetrennte Raucherräume (suitsetamisruum) unter gewissen Umständen erlaubt. Zigarettenautomaten gibt es nicht.

Kas siin tohib suitsetada?
ob hier (er/sie-)darf rauchen
Darf man hier rauchen?

Kus siin suitsetatakse?
wo hier (er/sie-)raucht
Wo kann man hier rauchen?

Kas Teil tikke on?
ob euch-bei(8) Streichhölzer(3) sind
Haben Sie Feuer?

Üks pakk suitsu, palun.
ein Paket Rauch (ich-)bitte
Ein Päckchen Zigaretten bitte.

Andke mulle palun tuhatoos.
gebt(!) mir (ich-)bitte Aschenbecher
Geben Sie mir bitte den Aschenbecher.

Suitsetamine keelatud!
Rauchen verboten
Rauchen verboten!

Toilette

Es gibt zwei offizielle Bezeichnungen: WC und tualett. Toiletten sind meist gebührenpflichtig, dann aber auch garantiert sauber. Toiletten gibt es auch im Kaufhaus, im Kino, in Restaurants und Cafés. Diese sollte man jedoch nur dann benutzen, wenn man dort auch Gast ist.

Vabandage, kus on siin tualett?
entschuldigt(!) wo ist hier Toilette
Entschuldigen Sie, wo ist hier die Toilette?

Kas see on tasuline?
ob diese ist kostenpflichtig
Ist sie mit Gebühr?

Palun WC-võtit!
(ich-)bitte WC-Schlüssel(3)
Bitte den Toilettenschlüssel!

N (naistele)	für Damen
M (meestele)	für Herren
maks	Gebühr
tasuta	kostenlos
tualettpaber	Toilettenpapier
vaba	frei
kinni	besetzt
seep	Seife
käterätik	Handtuch

Krank sein

Wenn man in Estland zum Arzt gehen muss, braucht man die europäische Krankenversicherungskarte. Es ist natürlich sinnvoll, auch den Personalausweis dabei zu haben. Im medizinischen Notfall ruft man kiirabi, die Notfallhilfe (Telefon: 112). Erste Hilfe vor Ort nennt man esmaabi.

Mul on ...
mir-bei(8) ist ...
Ich habe ...

Teil on ...
euch-bei(8) ist ...
Sie haben ...

kõht lahti	Durchfall	**köha**	Husten
palavik	Fieber	**nohu**	Schnupfen
gripp	Grippe	**hambavalu**	Zahnschmerzen

Mul on süda paha.
mir-bei(8) ist Herz schlecht
Mir ist übel.

Ma olen külmetanud.
ich bin erkältet
Ich bin erkältet.

Andke mulle palun midagi kurguvalu vastu.
gebt(!) mir(7) (ich-)bitte etwas Halsschmerzen(2) gegen
Geben Sie mir bitte etwas gegen Halsschmerzen.

Kolm korda päevas üks tablett.
drei Mal(3) Tag-an(5) eine Tablette
Dreimal täglich eine Tablette.

Mul valutab ...
mir-bei(8) schmerzt ...
Mir schmerzt ...

silm(ad)	Auge(n)	**pea**	Kopf
kõht	Bauch	**magu**	Magen
kurk	Hals	**kõrv(ad)**	Ohr(en)
süda	Herz	**selg**	Rücken

Die wichtigsten Medikamente, auch etwas Pflaster, Watte und Zellstoff sollte man in seiner Reiseapotheke haben.

arstim, ravim	Medikament
plaaster	Pflaster
salv	Salbe
tabletid	Tabletten
tilgad	Tropfen
side	Verband, Binde
vatt	Watte
ravimküünlad	Zäpfchen
preservatiiv	Präservativ

Hier geht es zum Arzt, zum WLAN-Hotspot und zur Quelle

Schimpfen & Fluchen

Mit dem Wörtchen kurat (Teufel) lassen sich kurioserweise alle Nuancen des Schimpfens ausdrücken – vom Ärger über ein kleines Missgeschick bis hin zum derben Fluch. Man kann es so gut wie überall in den Satz einbauen und erscheint dem Gegenüber allein durch den Gebrauch dieses Wortes bereits als Kenner der estnischen Sprache. Auch kann man kuradi (gebeugten Form) vor alle Substantive setzen, will man seinen Unmut zum Ausdruck bringen:

Kus kurat mu prillid on?!
wo Teufel meine Brille sind
Wo zum Teufel ist meine Brille?!

Millal see kuradi rong tuleb?!
wann dieser Teufels(2) Zug kommt
Wann kommt dieser verdammte Zug endlich?!

Wenn man stolpert oder einem etwas herunterfällt, kann man es mit Kurat! kommentieren. Einen anderen Menschen allerdings mit diesem Wort zu bedenken, ist nicht angebracht, es sei denn, er hat einem erheblichen Schaden zugefügt. Wenn etwas misslingt, sagt man Kurat võtaks! (Hol's der Teufel!). Ist man völlig ratlos auf eine Frage, antwortet man mit Kurat seda teab! (Weiß der Teufel!).

Kas sa oled hull?
ob du bist verrückt
Bist du verrückt?

Mis sa jamad!
was du quatschst
Was redest du für Zeug!

Sa oled loll.
Du bist dumm.

Ole vait!
Halt die Klappe!

Jama!
Quatsch!

Aitab!
Es reicht!

Jäta mind rahule!
lass(!) mich(3) Ruhe-in(7)
Lass mich in Ruhe!

Käi minema!
geh(!) gehen
Hau ab!

Schilderwald im Landstraßenmuseum (Kreis Põlva)

Nichts verstanden? – Weiterlernen!

Wer nicht alles versteht, kann noch einmal mit Hilfe der folgenden Sätze nachfragen.

Kas Te saate minust aru?
ob ihr bekommt mir-von(6) Verstand
Verstehen Sie mich?

Kas Te saate aru?
ob ihr bekommt Verstand
Verstehen Sie?

Ma ei saa aru.
ich nicht bekomme Verstand
Ich verstehe nicht.

Ma saan / sain aru.
ich bekomme / bekam Verstand
Ich verstehe / habe verstanden.

Palun korrake!
(ich-)bitte wiederholt(!)
Wiederholen Sie bitte!

Palun kirjutage see üles.
(ich-)bitte schreibt(!) dieses auf
Bitte schreiben Sie das auf.

Kuidas seda hääldatakse / kirjutatakse?
wie dieses(3)aus gesprochen-wird / geschrieben-wird
Wie spricht / schreibt man dieses?

Nichts verstanden? – Weiterlernen!

Kuidas seda nimetatakse eesti / saksa keeles?
wie dieses(3) genannt-wird estnisch(2) / deutsch(2) Sprache(5)
Was heißt das auf Estnisch / auf Deutsch?

Kas siin räägib keegi saksa / inglise keelt?
ob hier (er-)spricht jemand deutsche / englische Sprache(3)
Spricht hier jemand Deutsch / Englisch?

Rääkige palun aeglasemalt!
sprecht(!) (ich-)bitte langsamer
Sprechen Sie bitte langsamer!

Mida see sõna tähendab?
was(3) dieses Wort bedeutet
Was bedeutet dieses Wort?

Kas mu hääldus on õige?
ob meine Aussprache ist richtig
Spreche ich es richtig aus?

Frauentracht von Saaremaa

Literaturhinweise

Hier einige Tipps zum Weiterlernen:

Die hier genannten Bücher / Schriften sind nicht über den Reise Know-How Verlag erhältlich.

Inna Nurk / Katja Ziegelmann: Lehrbuch der estnischen Sprache, Buske, Hamburg 2011

Cornelius Hasselblatt: Estnisch Lehrbuch, Harrassowitz, Wiesbaden, 2. Aufl. 2005 *(akademisch, nicht kommunikativ ausgerichtet)*

Mall Pesti / Helve Ahi: E nagu Eesti, TEA Kirjastus, Tallinn, 2. Aufl. 2008 *(das Standardlehrbuch in Estland, kommunikationsorientiert, Grammatik wird nicht systematisch vermittelt, nicht für Autodidakten; mit CD)*

Juhan Tuldava: Estonian Textbook, Indiana University Press, Bloomington 1994 *(systematisches Lehrbuch der Grammatik mit Übungen, auf Englisch; das Non-Plus-Ultra für den Grammatikliebhaber, leider nur antiquarisch)*

Cornelius Hasselblatt: Grammatisches Wörterbuch des Estnischen, Veröffentlichungen der Societas Uralo-Altaica, Bd. 35, Harrassowitz, Wiesbaden 2001 *(alphabetisch sortiertes Grammatik-Nachschlagewerk)*

Berthold Forssman: Wörterbuch Estnisch-Deutsch, Hempen, Bremen 2005 *(70.000 Stichwörter, mit grammatischen Formen, das eindeutig beste Wörterbuch, nur estnisch-deutsch)*

Maje Lepp: TEA reisisõnastik saksa-eesti-saksa, TEA Kirjastus, Tallinn, 2008 *(in beide Richtungen deutsch-estnisch, estnisch-deutsch)*

Wörterliste Deutsch – Estnisch

Tallinn, Katharinengasse
(Katariina käik)

Die Wörterlisten enthalten einen **Grundwortschatz** *von ca. 1000 Wörtern. Vokabular, das man in den einzelnen Kapiteln nachschlagen kann, ist hier nicht immer aufgeführt.*

2. Fall (Genitiv):
õhtusöö/k (-gi), *lies:*
Nom.: õhtusöök,
Gen.: õhtusöögi;
aadress (-i), *lies:*
Nom.: aadress,
Gen.: aadressi;
välismaa, *lies:*
Nom.: välismaa,
Gen.: välismaa.

da-Infinitiv:
min/ema (-na), *lies:*
ma-*Inf.:* minema,
da-*Inf.:* minna;
sõit/ma (-a), *lies:*
ma-*Inf.:* sõitma,
da-*Inf.:* sõita.
Regelmäßige da-Infinitive sind nicht angegeben.

A

Abend õhtu
Abendessen õhtusöö/k (-gi)
aber aga
abfliegen ära len/dama (-nata)
abgeben ära and/ma (-a)
abreisen ära sõit/ma (-a)
abschleppen sleppi võt/ma (-ta)
Abteil kupee
Adresse aadress (-i)
Alkohol alkohol (-i)
allein üksi
alles kõi/k (-ge)
als (Vgl. / zeitl.) kui
alt vana
Alte vanaei/t (-de)
Alter vaname/es (-he); **(Lebens-)** vanus (-e); iga (ea)
Ameise sipelg/as (-a)
Andenken mälestus (-e)
anfangen hak/kama (-ata)
Angestellte(r) ametnik (-u)
Angst hirm (-u)
anhalten peatama
ankommen saabuma
Ankunft saabumi/ne (-se)
anmelden (ette) teatama
annehmen vastu võt/ma (-ta)
anrufen helistama
anschauen vaatlema (vaadelda)
anstatt asemel
Antwort vastus (-e)
antworten vasta/ma (-ta)
anziehen (z. B. Jacke) selga pan/ema (-na); **(sich kleiden)** riietuma
Apfel õun (-a)
Apotheke aptee/k (-gi)
Arbeit töö
arbeiten töötama
Arbeiter(in) tööli/ne (-se)
arm vae/ne (-se)
Arm kä/si (-e)
Arzt arst (-i)
auch ka
auf peal
Aufenthalt viibimi/ne (-se)
aufhören lõppema
aufstehen üles tõus/ma (-ta); püsti tõus/ma (-ta)
aufwachen är/kama (-gata)
Auge silm (-a)

Ausfuhr väljave/du (-o); ekspor/t (-di)
Ausgang väljapääs (-u)
ausgezeichnet suurepära/ne (-se)
Auskunft informatsioon (-i)
Ausland välismaa
Ausländer välismaala/ne (-se)
ausländisch välismai/ne (-se)
Ausreise väljasõi/t (-du)
außen väljas(pool)
Aussprache hääldami/ne (-se)
aussteigen väljuma
Ausstellung näitus (-e)
Ausweis isikutunnistus (-e)
ausziehen (z. B. Jacke) seljast võt/ma (-ta); **(sich entkleiden)** lahti riietuma
Auto auto, masin (-a)

B

Bäckerei pagariäri
Badeanzug supeltrikoo
Badehose supelpüks/id (-te)
baden (Freibad, See usw.) suplema (supelda); **(Badewanne)** vannis käima
Badezimmer vannit/uba (-oa)
Bahnhof raudteejaam (-a)
Bahnsteig perroon (-i)
bald varsti
Bank (Geld) pan/k (-ga); **(Sitz-)** pin/k (-gi)
Bargeld sularaha
Bart habe (-me)
Batterie patarei
Bauch kõh/t (-u)
bauen ehitama
Bauer talunik (-u)
Baum puu
beeilen, sich ruttama (rutata)
beenden lõpetama
begegnen, sich kohtuma
beginnen hak/kama (-ata)
begleiten saat/ma (-a)
begrüßen tervitama
behandeln (Arzt) ravima
Behörde (ameti)asutus (-e)
bei juures
Bein jal/g (-a)
Beispiel näi/de (-te)
bekannt: sich b. machen tuttavaks saa/ma (-da)
bekommen saa/ma (-da)
beleidigen solva/ma (-ta)
benachrichtigen teatama
benutzen tarvitama
Benzin bensiin (-i)
Berg mä/gi (-e)
Beruf (elu)kutse
berühmt kuul/us (-sa)
beschweren, sich kae/bama (-vata)
Besen luu/d (-a)
besichtigen külastama, vaatlema (vaadelda)
Besitzer omanik (-u)
besser parem (-a)
bestellen tellima
Bestellung tellimus (-e)
bestrafen karistama
Besuch (als Gast) külali/ne (-se); **(z. B. Ausstellung)** külastami/ne (-se)
besuchen külastama
betrügen pet/ma (-ta)
betrunken purjus
Bett voodi
Bettzeug voodirii/ded (-ete)
bevor enne
Beweis tõend (-i)
bezahlen maks/ma (-ta)
Biene mesila/ne (-se)
Bier õlu
Bild pil/t (-di)
billig odav (-a)
Binde side (-me)
bis kuni
bisschen natuke, natuke/ne (-se)
Bitte palve
bitten paluma
bitter mõru
Blatt leh/t (-e)
blau sini/ne (-se)
bleiben jääma
Bleistift pliiats (-i)
Blume lill (-e)

Wörterliste Deutsch – Estnisch

Boot paa/t (-di)
Botschaft (diplomat.) suursaatkon/d (-na)
Brand tulekahju
Brauch kom/me (-be)
brauchen vajama
breit lai (-a)
brennen põlema
Brief kir/i (-ja)
Briefmarke kirjamar/k (-gi)
Briefumschlag kirjaümbrik (-u)
Brille prillid (-e)
bringen viima (viia)
Brot lei/b (-va)
Brücke sil/d (-la)
Bruder ven/d (-na)
Brust rin/d (-na)
Buch raamat (-u)
buchen broneerima
Buchstabe (kirja)täh/t (-e)
bunt kirju
Burg linnus (-e)
Bürger kodanik (-u)
Bürgersteig kõnnitee
Büro büroo
Bus buss (-i)
Büstenhalter rinnahoidja
Butter või

C

Café kohvik (-u)
Chauffeur autojuh/t (-i)
Chef ülem (-a)
Computer arvuti

D

da seal
Dach katus (-e)
Damenbinde hügieeniside (-me)
damit (um zu) et
danach pärast seda
danken tänama
dann siis
dass et, nii et
Datum daatum (-i), kuupäev (-a)
dauern kest/ma (-a)
Decke (Bett) tekk (teki); **(Zimmer-)** lagi (lae)
denken mõtlema (mõtelda)
deshalb sellepärast
deutsch saksa
Deutsche sakslanna
Deutscher saksla/ne (-se)
Deutschland Saksamaa
Devisen valuuta
dick paks (-u)
Diebstahl vargus (-e)
diese(r, -s) (Ez.) see (selle); **(Mz.)** need (nende)
Ding asi (asja)
Diskothek diskotee/k (-gi)
Dokument dokumen/t (-di)
Dolmetscher tõl/k (-gi)
Dorf küla
dort seal
dorthin sinna
dringend kiireloomuli/ne (-se)
dumm rumal (-a)
dunkel pime (-da)
dünn lahja
durch läbi
Durchfall kõhulahtisus (-e)
dürfen tohtima
Durst janu

E

echt eht/ne (-sa)
Ei muna
Eigentum omand (-i)
Eimer ämb/er (-ri)
einander üksteis/t (-e)
Einbruch murdvargus (-e)
einfach liht/ne (-sa)
Einfuhr sisseve/du (-o); impor/t (-di)
Eingang sissepääs (-u)
einige mõn/i (-e)
einladen (külla) kutsuma
Einladung (külla)kutse
einmal ükskord
einsteigen sisenema; peale istuma
eintreten sisenema; sisse astuma
einverstanden nõus
Einwohner elanik (-u)
Eis (Speise-) jäätis (-e); **(Wasser)** jää
Eisen rau/d (-a)
Eisenbahn raudtee

Eiter mäda
Eltern vanema/d (-te)
empfehlen soovitama
Ende lõp/p (-u)
eng kits/as (-a)
englisch inglise
Enkel(in) lapselaps (-e)
entscheiden otsustama
entschuldigen, sich vabandama
Erde (Boden) mul/d (-la); **(Welt)** maa
Ereignis sündmus (-e)
Erfolg edu
erhalten (bekommen) saa/ma (-da); **(bewahren)** säilitama
erholen, sich puh/kama (-ata)
erinnern, sich mäletama
erkältet külmetunud
erklären seletama
erkundigen, sich järele kuula/ma (-ta)
erlauben lubama
Erlaubnis luba (loa)
Ermäßigung (Preis) hinnaalandus (-e)
Ersatzteil tagavaraosa
erzählen jutustama
essen sööma (süüa)
Essen (Speise) söö/k (-gi)
Essig äädik/as (-a)
Etage korrus (-e)
etwas midagi;

F

Fabrik vabrik (-u)
Faden nii/t (-di)
Fahne lip/p (-u)
Fähre parvlaev (-a)
fahren sõit/ma (-a)
Fahrkarte sõidupilet (-i)
Fahrplan sõiduplaan (-i)
Fahrpreis sõiduhin/d (-na)
Fahrrad jalgra/tas (-tta)
Fahrzeug sõiduk (-i)
fallen kukkuma
falsch vale
Familie perekon/d (-na)
Farbe värv (-i)
faul (Obst) mädanenud; **(träge)** lais/k (-a)
Fehler viga (vea)
Feier pidustus (-e)
feiern pidutsema
feilschen kauplema (kaubelda)
Feld põl/d (-lu)
Fenster ak/en (-na)
Ferien puhkus (-e)
fern kauge
Fernsehgerät televiisor (-i)
fertig valmis
fest (hart) kõva; **(stark)** tugev (-a)
Fest pidu (peo)
feucht niiske
Feuer tul/i (-e)
Fieber palavik (-u)
Film film (-i)
finden leid/ma (-a)
Finger sõrm (-e)
Fisch kala
Flasche pudel (-i)
Fleisch liha
fleißig vir/k (-ga)
fliegen lendama (lennata)
flirten flirtima
Flughafen lennujaam (-a)
Flugticket lennupilet (-i)
Flugzeug lennuk (-i)
Fluss jõgi (jõe)
Folklore folkloor (-i)
Formular blanket/t (-i)
Fotoapparat fotoaparaa/t (-di)
Fotografie fotograafia
fotografieren pildistama
Frage küsimus (-e)
fragen küsima
französisch prantsuse
Frau nai/ne (-se); **(Anrede)** proua; **(Ehe-)** abikaasa
Fräulein preili
frei vaba
fremd võõr/as (-a)
freuen, sich rõõmustama
Freund sõb/er (-ra)
Freundin sõbranna
freundlich lahke
Freundschaft sõprus (-e)
Frieden rahu
frieren külmetama
frisch värske
fröhlich lõbus (-a)

Frucht vil/i (-ja)
früh vara
Frühling kevad (-e)
Frühstück (hommiku)ei/ne (-se)
fühlen (sich) (ennast) tund/ma (-a)
Führung (Leitung) juhatami/ne (-se); **(tourist.)** juhitav ekskursioon (-a ... -i)
für jaoks; **(Preis)** eest; **(Zustimmung)** poolt
fürchten, sich kart/ma (-a)
Fuß jal/g (-a); **zu F.** jalgsi

G

Gabel kahv/el (-li)
ganz päris
Garten aed (aia)
Gas gaas (-i)
Gasse kits/as tänav (-a -a)
Gast külali/ne (-se)
Gastfreundschaft külalislahkus (-e)
Gastgeber pidupere/mees (-mehe)
Gaststätte restoran (-i)
Gebäck küpsetis (-e)
Gebäude hoone
geben and/ma (-a)
Gebühr maks (-u)
Geburtstag sünnipäev (-a)
gefährlich ohtlik (-u)
gefallen meeldima
Gefühl tun/ne (-de)
gegen vastu
Gegend ümbrus (-e)
gegenüber vastas
gehen käi/ma (-a); min/ema (-na)
gelb kolla/ne (-se)
Geld raha
Gemüse juurvil/i (-ja)
gemütlich mugav (-a)
genau täp/ne (-se)
genug küllalt
Gepäck pagas (-i)
geradeaus otse(teed)
gern meeleldi
Geschäft (Laden) äri; **(Tätigkeit)** asjatoimetus (-e)
Geschenk kingitus (-e)
Geschichte (Erzählung) jut/t (-u); **(Historie)** aja/lugu (-loo)
geschieden lahutatu
geschlossen kinni
Gesellschaft ühiskon/d (-na)
Gesetz seadus (-e)
Gesicht nägu (näo)
Gespräch vestlus (-e)
gestern eile
gesund terve
Gesundheit tervis (-e)
Getränk joo/k (-gi)
Gewicht kaal (-u)
Gewitter äike (-se)
gewöhnen harjuma
Gewürz vürts (-i)
Gift mür/k (-gi)
Glas klaas (-i)
glauben uskuma
Glück õnn (-e)
glücklich õnnelik (-u)
Gold kul/d (-la)
Gott jumal (-a)
Gramm gramm (-i)
Gras roh/i (-u)
gratulieren õnnitlema
Grenze piir (-i)
Grippe grip/p (-i)
groß suur (-e)
Größe suurus (-e)
Großmutter vanaema
Großvater vanaisa
Gruppe grup/p (-i)
grüßen (Grüße ausrichten) tervitama, tervisi saat/ma (-a)
gültig kehtiv (-a)
Gurke kur/k (-gi)
Gürtel vöö
gut hea; **(Adv.)** hästi
Gut (Herrensitz) mõis (-a)
Gutshaus mõisahoone
Gutsherr mõisnik (-u)

H

Haar juu/s (-kse)
haben (besitzen) omama

Hafen sadam (-a)
Hälfte pool (-e)
Hals kur/k (-gu)
halten pidama;
(fest-) hoid/ma (-a)
Haltestelle peatus (-e)
Hand kä/si (-e)
Handel kaubandus (-e)
hart kõva
Haus maja
Hausfrau perenai/ne (-se)
Hausherr pereme/es (-he)
Haut nah/k (-a)
heben tõst/ma (-a)
Heftpflaster kleepplaast/er (-ri)
heiß kuum (-a)
helfen abistama
hell hele (-da)
Hemd sär/k (-gi)
Herbst sügis (-e)
Herr härra
Herz süda (-me)
herzlich südamlik (-u)
heute täna
hier siin
Hilfe abi
Himmel taev/as (-a)
hinaus välja
hinter taga
hoch kõrge
Hochzeit pulmad (-e)
hoffen loot/ma (-a)
höflich viisak/as (-a)
holen tooma (tuua)
Holz puu
Honig mesi (mee)
hören kuulama (-ta)
Hose püks/id (-te)
Hotel hotell (-i)
Huhn kana
Hund koer (-a)
Hunger näl/g (-ja, -ga)
Hut kübar (-a)
Hygiene hügieen (-i)

I

immer alati
impfen vaktsineerima
in (Ort) sees;
(Richtung) sisse;
(zeitl.) pärast
Industrie tööstus (-e)
innen sees(pool)
Insekt putuk/as (-a)
Insel saar (-e)
interessant huvitav (-a)
interessieren, sich huvituma
international rahvusvaheli/ne (-se)
Irrtum eksimus (-e)

J

ja jah
Jacke jak/k (-i)
jagen küttima
Jahr aasta
Jahreszeit aastaa/eg (-ja)
jährlich (iga)aasta/ne (-se)
jeder iga
jedesmal iga kord
jemand keegi (kellegi)
jener too (tolle)
jetzt nüüd
Journalist ajakirjanik (-u)
jung noor (-e)
Junge pois/s (-i)

K

Kaffee kohv (-i)
kalt külm (-a)
Kamm kamm (-i)
kaputt katki
Karte kaar/t (-di)
Kartoffel kartul (-i)
Käse juust (-u)
Kasse kassa
Katze kass (-i)
kaufen ost/ma (-a)
kennen tund/ma (-a)
Kind laps (-e)
Kino kino
Kirche kirik (-u)
Kissen pad/i (-ja)
Kleid klei/t (-di)
Kleidung riietus (-e)
klein väik/e (-se)
klug tar/k (-ga)
Kneipe kõrts (-i)
Knie põlv (-e)
Knochen luu, kon/t (-di)
Knopf nöö/p (-bi)
kochen keet/ma (-a)
Koffer kohv/er (-ri)
kommen tul/ema (-la)

kompliziert keeruli/ne (-se)
Kondom preservatiiv (-i)
können oskama (osata); suut/ma (-a), saa/ma (-da)
Konsulat konsulaa/t (-di)
kontrollieren kontrollima
Konzert kontser/t (-di)
Kopf pea
Körper keha
kosten (Preis) maks/ma (-ta); **(probieren)** proovima
kostenlos tasuta
krank haige
Krankenhaus haigla
Krankenwagen kiirabiauto
Krankheit haigus (-e)
Kreuz rist (-i)
Krieg sõ/da (-ja)
Kuh lehm (-a)
kühl jahe (-da)
Kühlschrank külmka/pp (-pi)
Kunst kunst (-i)
Kunsthandwerk käsitöö: tarbekunst (-i)
kurz lühike/ne (-se)
küssen suud/lema (-elda)

L

lächeln naeratama
lachen naerma
Lage (geogr.) asukoh/t (-a)
Laken lina
Lampe lam/p (-bi)
Land maa
Landkarte maakaar/t (-di)
Landschaft maastik (-u)
Landwirtschaft põllumajandus (-e)
lang pikk (pika)
lange (zeitl.) kaua
langsam aegla/ne (-se); **(allmählich)** pikkamööda
langweilig igav (-a)
Lastwagen veoauto
laufen (rennen) jooksma (joosta)
laut kõva
leben elama
Leben elu
Lebensmittel toiduaine/d (-te)
Leder nah/k (-a)
ledig vallali/ne (-se)
leer tüh/i (-ja)
legen pan/ema (-na)
lehren õpetama
Lehrer õpetaja
Lehrerin õpetajanna
leicht kerge
leihen, sich laena/ma (-ta)
leise vaik/ne (-se)
lernen õppima
lesen lugema
letzter viima/ne (-se)
Leute rahv/as (-a)
Licht valgus (-e)
lieben armastama
Lied laul (-u)
liegen lamama
links vasakul
Lippe huul (-e)
Loch au/k (-gu)
Löffel lusik/as (-a)
Lohn (Gehalt) pal/k (-ga)
Luft õh/k (-u)
lügen valetama
lustig lõbus (-a)

M

machen tegema (teha)
Mädchen tüdruk (-u)
Mal kor/d (-ra)
malen maalima
Manager mänedžer (-i)
manchmal mõnikord
Mann mees (mehe); **(Ehe-)** abikaasa
Mantel mant/el (-li)
Markt tur/g (-u)
Medikament ravim (-i), roh/i (-u)
Meer mer/i (-e)
Menge hul/k (-ga)
Mensch inime/ne (-se)
merken, sich meeles pidama
Messer nuga (noa)
mieten üürima
Milch piim (-a)
Minute minut (-i)
mischen segama
mit -ga *(14. Fall)*, koos
Mittag, Mittagessen lõuna

mitteilen teatama
Mode mood (moe)
möglich võimalik (-u)
Monat, Mond kuu
morgen homme
Morgen hommik (-u)
Motor mootor (-i)
Motorrad mootorrat/as (-ta)
müde väsinud
Müll prügi
Mund suu
Museum muuseum (-i)
Musik muusika
müssen pidama
Mutter ema
Mütze müts (-i)

N

nach (zeitl.) pärast
Nachbar naab/er (-ri)
Nachmittag pärastlõuna
Nachricht tea/de (-te);
Nachrichten (Medien) uudis/ed (-te)
nächster järgmi/ne (-se)
Nacht öö
nackt alasti
Nadel nõel (-a)
Nagel (Finger-) küü/s (-ne)
nah ligida/ne (-se)
Name nim/i (-e);
(Nach-) perekonnanim/i (-e);
(Vor-) eesnim/i (-e)
Nase nina
nass mär/g (-ja)
Nationalität rahvus (-e)
Natur loodus (-e)
natürlich loomulik (-u)
Nebel udu
neben kõrval
nehmen võt/ma (-ta)
nennen kutsuma
nein ei
neu uus (uue)
neugierig uudishimulik (-u)
nicht ei, mitte
nichts mitte midagi
nie mitte kunagi
niedrig madal (-a)
niemand mitte keegi (kellegi)
nirgendwo mitte kuskil
nirgendwohin mitte kuskile
noch veel;
n. einmal veel kord
Norden põh/i (-ja)
normal normaal/ne (-se)
notwendig vajalik (-u)
Nummer numb/er (-ri)
nur ainult

O

ob kas
oben üleval
Obst puuvil/i (-ja)
oder või
öffnen avama
oft sageli
ohne ilma
Ohr kõrv (-a)
Öl õli
Onkel onu
Organ organ (-i)
Ort pai/k (-ga)
Osten ida
Österreich Austria
Österreicher(in) austerla/ne (-se)

P

paar, Paar paar (-i);
(Ehepaar) abielupaar (-i)
Paket pak/k (-i)
Palast palee
Panne avarii
Papier paber (-i)
Park par/k (-gi)
parken parkima
Pass pass (-i)
Patient patsien/t (-di)
Pause paus (-i)
Person isik (-u)
Pfeffer pip/ar (-ra)
Pferd hobu/ne (-se)
Pflanze taim (-e)
Pilz seen (-e)
Plan plaan (-i)
Platz koh/t (-a)
plötzlich järsku
Politik poliitika
Polizei politsei
Post(amt) post(kontor) (-i)
Postkarte postkaar/t (-di)
Preis hin/d (-na)

privat privaat/ne (-se)
Problem probleem (-i)
pünktlich täp/ne (-se)

Q/R

Qualität kvalitee/t (-di)
Rad rat/as (-ta)
Radiogerät raadio
rasieren habet ajama
Rat nõu
Rauch suits (-u)
rauchen suitsetama
Raum ruum (-i)
rechnen arvutama
Rechnung arve
Recht õigus (-e)
rechts paremal
reden rääkima
Regen vihm (-a)
Regenschirm vihmavar/i (-ju)
registrieren registreerima
reich rikas (rikka)
reichlich rohke
reif küps (-e)
Reifen võru
reinigen puhastama
Reise reis (-i)
Reisebüro reisibüroo
reisen reisima
rennen jooks/ma (joosta)
reparieren parandama
reservieren reserveerima
Restaurant restoran (-i)
richtig õige
Richtung suun/d (-a)
Rind veis (-e)
Rock seelik (-u)
roh toor/es (-e)
Rücken sel/g (-ja)
Rückfahrt tagasisõi/t (-du)
Rucksack seljakot/t (-i)
rückständig mahajäänud
Ruhe rahu
ruhen puh/kama (-ata)

S

Sache asi (asja)
sagen ütlema (ütelda)
Salbe salv (-i)
Salz sool (-a)
sammeln korja/ma (-ta)
Sand liiv (-a)
satt kõht on tais
Satz (Sprache) lause
sauber puh/as (-ta)
sauer hapu
Schaf lam/mas (-ba)
Schallplatte heliplaa/t (-di)
scharf terav (-a)
Schatten var/i (-ju)
Schaum vah/t (-u)
Scheck tšekk, tšeki
Schere käärid (-e)
schicken saat/ma (-a)
schießen tulistama
Schiff laev (-a)
Schinken sink (-i)
Schlaf un/i (-e)
schlafen magama
Schlafzimmer magamis/tuba (-toa)
schlagen lööma (lüüa)
Schlange ma/du (-o)
schlecht paha
Schloss (Gebäude) loss (-i)
Schlüssel võt/i (-me)
schmackhaft maits/ev (-va)
Schmerz valu
schmerzen valutama
Schmetterling liblik/as (-a)
Schmuck eh/e (-te)
schmutzig must (-a)
Schnaps viin (-a)
Schnee lum/i (-e)
schnell kiire
Schokolade šokolaad (-i)
schon juba
schön ilus (-a)
Schrank kap/p (-i)
schreiben kirjutama
schreien hüüd/ma (-a)
Schuh king (-a)
schuldig süüdi
Schule kool (-i)
Schüler õpila/ne (-se)
schwanger rase (-da)
Schwein siga (sea)
Schweiz Šveits (-i)
Schweizer šveitsla/ne (-se)
schwer raske
Schwester õde (õe)
schwimmen ujuma
schwitzen higistama
See järv (-e)
sehen nägema (näha)

Sehenswürdigkeit vaatamisväärsus (-e)
sehr väga
Seide siid (-i)
Seife see/p (-bi)
Seil köis (köie)
seit saadik
Seite (Richtung) pool (-e)
Sekunde sekund (-i)
selbst ise
selten harva
senden saat/ma (-a)
Serviette servjet/t (-i)
setzen pan/ema (-na); **sich s.** istet võt/ma (-ta)
sicher kind/el (-la)
Silber hõbe (-da)
singen laulma
sitzen istuma; **(passen)** sobima
so nii
Socke sok/k (-i)
sofort kohe
Sohn poeg (poja)
solcher säära/ne (-se)
sollen pidama
Sommer suv/i (-e)
Sonne päike (-se)
sparen sääst/ma (-a)
spät hilja
spazieren gehen jalutama
Speise söö/k (-gi)
Speisekarte söögikaar/t (-di)
Spiegel peeg/el (-li)
Spiel mäng (-u)
spielen mängima
Spielzeug mänguas/i (-ja)
Spinne ämblik (-u)
Sport spor/t (-di)
Sprache keel (-e)
sprechen rääkima; kõnel/ema (-da)
spritzen (med.) süstima
Staatsangehörigkeit kodakondsus (-e)
Stadt linn (-a)
stark tugev (-a)
stehen seis/ma (-ta)
steigen tõus/ma (-ta)
Stein kivi
Stelle (Ort) koh/t (-a); pai/k (-ga)
stellen pan/ema (-na)
sterben sur/ema (-ra)
Stern täh/t (-e)
Stiefel saa/bas (-pa)
Stil stiil (-i)
still vaik/ne (-se)
Stimme hääl (-e)
Stoff rii/e (-de)
stören segama
Strafe trahv (-i)
Strand rand (ranna)
Straße tänav (-a)
Straßenbahn tramm (-i)
Streichholz tuletik/k (-u)
streiten tülitsema
Stück tük/k (-i)
Student tudeng (-i)
Stuhl tool (-i)
Stunde tund (tunni)
suchen otsima
Süden lõuna
Suppe sup/p (-i)
süß magus (-a)

T

Tabak tubak/as (-a)
Tablette tablet/t (-i)
Tag päev (-a)
täglich igapäeva/ne (-se)
Tal or/g (-u)
tanken tankima
Tankstelle tankla
Tante tädi
Tanz tants (-u)
tanzen tantsima
Tasche kot/t (-i); **(in Kleidung)** tasku
Tasse tass (-i)
Taxi takso
Tee tee
Telefon telefon (-i)
telefonieren (anrufen) (kellelegi) helistama; **(mit jmd.)** telefoni teel rääkima
Teller taldrik (-u)
Teppich vai/p (-ba)
teuer kall/is (-i)
Theater teat/er (-ri)
tief sügav (-a)
Tier loom (-a)
Tisch lau/d (-a)
Tochter tüt/ar (-re)
Tod surm (-a)

Toilette tuale/tt (-ti)
Toilettenpapier tualettpaber (-i)
tot surnud
töten tap/ma (-pa)
Tradition traditsioon (-i)
tragen kand/ma (-a)
Träne pisar (-a)
Traum unistus (-e)
traurig kur/b (-va)
treffen (jmdn.) kohtuma
treiben ajama
Treppe trep/p (-i)
trinken jooma (juua)
Trinkgeld jootraha
trocken kuiv (-a)
Tropfen til/k (-ga)
Truthahn kalkun (-i)
tun tegema (teha)
Tür uks (-e)
Turm torn (-i)

U

Übelkeit iiveldus (-e)
üben harjutama
über (örtl.) üle, peal; **(zeitl.)** pärast
überall igal pool
übermorgen ülehomme
übersetzen tõlkima
Übersetzer tõl/k (-gi)
Überweisung ülekan/ne (-de)
übrig ülejäänud
Uhr kell (-a)
um ümber; **u. zu** (selleks) et
Umgebung ümbrus (-e)
umgekehrt vastupidi/ne (-se)
Umleitung ümbersõi/t (-du)
umtauschen vahetama
Umwelt keskkon/d (-na)
unbekannt tundmatu
und ja
Unfall õnnetus (-e)
ungefähr umbes
Universität ülikool (-i)
unschuldig süütu
unten allpool
unter all
unterhalten, sich vestlema (vestelda)
Unterhose püksiku/d (-te)
Unterkunft majutus (-e), öömaja
Unternehmen ettevõt/e (-te)
unterschiedlich erinev (-a)
unterschreiben alla kirjutama
Urlaub puhkus (-e)

V

Vater isa
Verabredung (Treffen) kohtami/ne (-se)
verabschieden, sich hüvasti jät/ma (-ta)
Verband side (-me)
verboten keelatud
Verbrechen kurite/gu (-o)
verdienen teenima
vergessen unustama
vergnügen, sich lõbutsema
verirren, sich eksima
verkaufen müüma (müüa)
verlassen jät/ma (-ta)
verleihen (välja) laena/ma (-ta)
verletzt vigastatud
Verletzung vigastus (-e)
verlieben, sich armuma
verlieren (Dinge) kaotama
vermieten välja üürima
Versicherung kindlustus (-e)
verspäten, sich hilinema
versprechen lubama
verstehen aru saa/ma (-da)
versuchen katsuma
Vertrag leping (-u)
viel palju
vielleicht võib-olla
Vogel lin/d (-nu)
Volk rahv/as (-a)
voll täi/s (-e)
vor ees
vorbereiten ette valmistama
vorgestern üleeile
vorher enne
Vormittag ennelõuna
vorne ees; **nach v.** ette
vorschlagen ette panema (panna)
Vorsicht ettevaatus (-e)

vorstellen (präsentieren) tutvustama; **(sich etw.)** ette kujutama
Vorwahl suunakood (-i)

W

wachsen kasvama
Wagen (Auto) auto, masin (-a); **(Fuhrwerk)** vank/er (-ri)
wählen valima
wahr tõ/si (-e)
während jooksul; kestel
Wahrheit tõ/de (-e)
Wald mets (-a)
Wand sein (-a)
wann? millal?
Ware kau/p (-ba)
warm soe (sooja)
warten ootama (oodata)
warum? miks?
was? mis (mille)?
Waschbecken kraanikaus/s (-i)
waschen pes/ema (-ta)
Wasser vesi (vee)
Wasserhahn kraan (-i)
Watte vat/t (-i)
wechseln vahetama
wecken äratama
weg ära
Weg tee
wegen pärast, tõttu
weil sest et; kuna
Wein vein (-i)
weinen nut/ma (-ta)
weit kauge
welcher? missugu/ne (-se)?; milli/ne (-se)?
Welle laine
wenig vähe
wenn (als) nagu; **(falls)** kui
wer? kes (kelle)?
werden saa/ma (-da); **w. zu (Veränd.)** muutu/ma (-da)
Werkstatt tööko/da (-ja)
Wespe herila/ne (-se)
wessen? kelle?
Westen lää/s (-ne)
Wetter ilm (-a)
wichtig täht/is (-sa)
wie nagu; **w.?** kuidas?; **w. viel?** kui palju?
wieder jälle
wiederholen kordama (korrata)
Wind tuul (-e)
Winter talv (-e)
wissen tead/ma (-a)
wo? kus?
Woche nädal (-a)
woher? kust?
wohin? kuhu?
wohnen elama
Wohnung korter (-i)
Wolke pilv (-e)
Wolle vill (-a)
wollen taht/ma (-a)
Wort sõna
Wörterbuch sõnaraamat (-u)
Wunde haav (-a)
Wunsch soov (-i)
wünschen soovima
Wurst vorst (-i)

Z

Zahl arv (-u)
zahlen maks/ma (-ta)
Zahn ham/mas (-ba)
Zahnarzt hambaarst (-i)
Zahnpasta hambapasta
zeigen näi/tama (-data)
Zeit aeg (aja)
Zeitschrift ajakir/i (-ja)
Zeitung ajaleh/t (-e)
Zelt tel/k (-gi)
Zeltplatz kämping (-u)
Zentrum keskus (-e)
ziemlich üsna
Zigarette sigaret (-i)
Zimmer tuba (toa)
Zoll (Verwaltung) toll (-i)
zu (sehr) liiga
Zucker suhk/ur (-ru)
zufrieden rahul
Zug rong (-i)
Zunge keel (-e)
zurück tagasi
zurückkehren naasma
zusammen (ühes)koos
zweifeln kõh/klema (-elda)
zwischen vahel

Wörterliste Estnisch – Deutsch

Zur besseren Auffindbarkeit für deutschsprachige Benutzer sind
õ *und* ö *wie* o
ä *wie* a
ü *wie* u
š *wie* s
ž *wie* z
angeordnet (also nicht nach der Reihenfolge des estnischen Alphabets!).

A (Ä)

äädik/as (-a) Essig
aadress (-i) Adresse
aasta Jahr
aastaa/eg (-ja) Jahreszeit
abi Hilfe
abielupaar (-i) Ehepaar
abikaasa Ehefrau, Ehemann
abistama helfen
aed (aia) Garten
aeg (aja) Zeit
aegla/ne (-se) langsam
aga aber
äike (-se) Gewitter
ainult nur
ajakir/i (-ja) Zeitschrift
ajakirjanik (-u) Journalist
ajaleh/t (-e) Zeitung
aja/lugu (-loo) Geschichte
ajama treiben;
  habet a. rasieren
ak/en (-na) Fenster
alasti nackt
alati immer
all unter
allpool unten
ämb/er (-ri) Eimer
ämblik (-u) Spinne
ametiasutus (-e) Behörde
ametnik (-u) Angestellte(r)
and/ma (-a) geben;
  ära a. abgeben
anum (-a) Gefäß
aptee/k (-gi) Apotheke
ära weg, ab
äratama wecken
äri Geschäft (Laden)
ärkama (ärgata) aufwachen
armastama lieben
armuma sich verlieben
arst (-i) Arzt
arv (-u) Zahl
arve Rechnung
arvutama rechnen
arvuti Computer
asemel anstatt
as/i (-ja) Sache, Ding
asjatoimetus (-e)
  Geschäft (Tätigk.)
astuma: sisse a. eintreten
asukoh/t (-a) Lage (geogr.)
asutus (-e) Behörde
auk (augu) Loch
austerlane (-se)
  Österreicher(in)
Austria Österreich
auto Auto, Wagen
autojuh/t (-i) Chauffeur
avama öffnen
avarii Panne

B / D

bensiin (-i) Benzin
blanket/t (-i) Formular
broneerima buchen
büroo Büro
buss (-i) Bus
daatum (-i) Datum
dokumen/t (-di) Dokument

E

edu Erfolg
ees vor, vorne
eesnim/i (-e) Vorname
eest von vorne, für (Preis)
eh/e (-te) Schmuck
ehitama bauen
eht/ne (-sa) echt
ei nein, nicht
eile gestern
ei/ne (-se) Frühstück
eksima sich verirren
eksimus (-e) Irrtum
ekspor/t (-di) Ausfuhr
elama wohnen, leben
elanik (-u) Einwohner
elu Leben

elukutse Beruf
ema Mutter
enne bevor, vorher
ennelõuna Vormittag
erinev (-a) unterschiedlich
et dass, um zu, damit
ette nach vorne, vorweg
ettevaatus (-e) Vorsicht
ettevõt/e (-te) Unternehmen

F / G

flirtima flirten
folkloor (-i) Folklore
fotoaparaa/t (-di) Fotoapparat
fotograafia Fotografie
gaas (-i) Gas
grip/p (-i) Grippe
grup/p (-i) Gruppe

H

hääl (-e) Stimme
hääldami/ne (-se) Aussprache
haav (-a) Wunde
habe (-me) Bart
haige krank
haigla Krankenhaus
haigus (-e) Krankheit
hak/kama (-ata) anfangen
hambaarst (-i) Zahnarzt
hambapasta Zahnpasta
ham/mas (-ba) Zahn
hapu sauer
harjuma gewöhnen
harjutama üben
härra Herr
harva selten
hästi gut (Adverb)
hea gut
hele (-da) hell
heliplaa/t (-di) Schallplatte
helistama telefonieren, anrufen
herila/ne (-se) Wespe
higistama schwitzen
hilinema sich verspäten
hilja spät
hin/d (-na) Preis
hinnaalandus (-e) Ermäßigung (Preis)
hirm (-u) Angst
hõbe (-da) Silber
hobu/ne (-se) Pferd
hoid/ma (-a) (fest)halten
homme morgen
hommik (-u) Morgen
hommikuei/ne (-se) Frühstück
hoone Gebäude
hotell (-i) Hotel
hügieen (-i) Hygiene
hügieeniside (-me) Damenbinde
hul/k (-ga) Menge
hüüd/ma (-a) schreien
huul (-e) Lippe
huvituma sich interessieren
huvitav (-a) interessant

I

ida Osten
iga jeder
iga (ea) (Lebens)Alter
igaaasta/ne (-se) jährlich
igapäeva/ne (-se) täglich
igav (-a) langweilig
iiveldus (-e) Übelkeit
ilm (-a) Wetter
ilma ohne
ilus (-a) schön
impor/t (-di) Einfuhr
inglise englisch
inime/ne (-se) Mensch
isa Vater
ise selbst
isik (-u) Person
isikutunnistus (-e) Ausweis
istuma sitzen;
peale i. einsteigen

J

ja und
jää Eis (gefror. Wasser)
jääma bleiben
jäätis (-e) Speiseeis
jah ja
jahe (-da) kühl
jak/k (-i) Jacke
jal/g (-a) Fuß, Bein
jalgra/tas (-tta) Fahrrad
jalgsi zu Fuß
jälle wieder
jalutama spazieren gehen

janu Durst
jaoks für
järgmi/ne (-se) nächster
järsku plötzlich
järv (-e) See
jät/ma (-ta) verlassen;
hüvasti j. sich verabschieden
jõgi (jõe) Fluss
joo/k (-gi) Getränk
jooksma (joosta) laufen, rennen
jooksul während
jooma (juua) trinken
jootraha Trinkgeld
juba schon
juhatami/ne (-se) Führung, Leitung
juhitav (-a): j. ekskursioon (-i) Führung (tourist.)
jumal (-a) Gott
jut/t (-u) Geschichte (Erzähl.)
jutustama erzählen
juures bei
juurvil/i (-ja) Gemüse
juu/s (-kse) Haar
juust (-u) Käse

K

ka auch
kaal (-u) Gewicht
käärid (-e) Schere
kaar/t (-di) Karte
kae/bama (-vata) sich beschweren
kahv/el (-li) Gabel
käi/ma (-a) gehen
kala Fisch
kalkun (-i) Truthahn, Pute
kall/is (-i) teuer (Preis)
kamm (-i) Kamm
kana Huhn
kand/ma (-a) tragen
kaotama verlieren (Dinge)
kap/p (-i) Schrank
karistama bestrafen
kart/ma (-a) sich fürchten
kartul (-i) Kartoffel
kas ob
kä/si (-e) Hand, Arm
käsitöö Kunsthandwerk
kass (-i) Katze
kassa Kasse
kasvama wachsen
katki kaputt
katsuma versuchen
katus (-e) Dach
kauaks lange (zeitl.)
kaubandus (-e) Handel
kauge fern, weit
kau/p (-ba) Ware
kauplema (kaubelda) feilschen
keegi (kellegi) jemand
keel (-e) Sprache, Zunge
keelatud verboten
keet/ma (-a) kochen
keha Körper
kehtiv (-a) gültig
kell (-a) Uhr
kerge leicht
keruli/ne (-se) kompliziert
kes (kelle)? wer?
keskkon/d (-na) Umwelt
keskus (-e) Zentrum
kestel während
kest/ma (-a) dauern
kevad (-e) Frühling
kiirabiauto Rettungswagen
kiire schnell
kiireloomuli/ne (-se) dringend
kind/el (-la) sicher
kindlustus (-e) Versicherung
king (-a) Schuh
kingitus (-e) Geschenk
kinni geschlossen
kir/i (-ja) Brief
kirik (-u) Kirche
kirjamar/k (-gi) Briefmarke
kirjatäh/t (-e) Buchstabe
kirjaümbrik (-u) Briefumschlag
kirju bunt
kirjutama schreiben;
alla k. unterschreiben
kits/as (-a) eng
kivi Stein
klaas (-i) Glas
kleepplaast/er (-ri) Heftpflaster
klei/t (-di) Kleid
kodakondsus (-e) Staatsangehörigkeit
kodanik (-u) Staatsbürger

koer (-a) Hund
kohe sofort
kõh/klema (-elda) zweifeln
koh/t (-a) Stelle, Ort, Platz
kõh/t (-u) Bauch
kohtuma sich treffen, sich begegnen
kõhulahtisus (-e) Durchfall
kohv (-i) Kaffee
kohv/er (-ri) Koffer
kohvik (-u) Café
kõi/k (-ge) alles
köi/s (-e) Seil
kohtami/ne (-se) Verabredung, Treffen
kolla/ne (-se) gelb
kom/me (-be) Brauch
kõnel/ema (-da) sprechen
kõnnitee Bürgersteig
konsulaa/t (-di) Konsulat
kon/t (-di) Knochen
kontrollima kontrollieren
kontser/t (-di) Konzert
kool (-i) Schule
koos mit, zusammen
kor/d (-ra) Mal
kor/dama (-rata) wiederholen
kõrge hoch
korja/ma (-ta) sammeln
korrus (-e) Etage
korter (-i) Wohnung
kõrts (-i) Kneipe
kõrv (-a) Ohr
kõrval neben
kot/t (-i) Tasche
kõva hart, fest, laut
kraan (-i) Wasserhahn
kraanikaus/s (-i) Waschbecken
kübar (-a) Hut
kui wenn (falls), als (zeitl. u. Vgl.);
k. palju? wie viel?
kuidas? wie?
kuiv (-a) trocken
kujutama: ette k. sich (etw.) vorstellen
kukkuma fallen
küla Dorf
külali/ne (-se) Gast
külalislahkus (-e) Gastfreundschaft
külastama besuchen, besichtigen
külastami/ne (-se) Besuch (z. B. Ausstell.)
kul/d (-la) Gold
küllakutse Einladung
küllalt genug
külm (-a) kalt
külmetama frieren
külmetunud erkältet
külmkap/p (-i) Kühlschrank
kuna weil
kuni bis
kunst (-i) Kunst
kupee Abteil
küps (-e) reif
küpsetis (-e) Gebäck
kur/b (-va) traurig
kurite/gu (-o) Verbrechen
kur/k (-gi) Gurke
kur/k (-gu) Hals
kust? woher?
kuhu? wohin?
kus? wo?
küsima fragen
küsimus (-e) Frage
kutse Beruf, Einladung
kutsuma nennen, einladen;
külla k. einladen
küttima jagen
kuu Mond, Monat
kuula/ma (-ta) (zu)hören;
järele k. sich erkundigen
kuul/us (-sa) berühmt
kuum (-a) heiß
kuupäev (-a) Datum
küü/s (-ne) (Finger-)Nagel

L

lää/s (-ne) Westen
läbi durch
laena/ma (-ta) verleihen, sich leihen
laev (-a) Schiff
lagi (lae) (Zimmer-)Decke
lahja dünn
lahke freundlich
lahutatu geschieden
lai (-a) breit
laine Welle
lais/k (-a) faul, träge
lamama liegen
lam/mas (-ba) Schaf
lam/p (-bi) Lampe

Wörterliste Estnisch – Deutsch

laps (-e) Kind
lapselaps (-e) Enkel(in)
lau/d (-a) Tisch
laul (-u) Lied
laulma singen
lause Satz (Sprache)
lehm (-a) Kuh
leh/t (-e) Blatt
lei/b (-va) Brot
leid/ma (-a) finden
len/dama (-nata) fliegen; **ära l.** abfliegen
lennujaam (-a) Flughafen
lennuk (-i) Flugzeug
lennupilet (-i) Flugticket
leping (-u) Vertrag
liblik/as (-a) Schmetterling
ligida/ne (-se) nah
liha Fleisch
liht/ne (-sa) einfach
liiga zu (+ Eigensch.)
liiv (-a) Sand
lill (-e) Blume
lina Laken
lin/d (-nu) Vogel
linn (-a) Stadt
linnus (-e) Burg
lip/p (-u) Fahne
lõbus (-a) fröhlich, lustig
lõbutsema sich vergnügen
loodus (-e) Natur
loom (-a) Tier
lööma (lüüa) schlagen
loomulik (-u) natürlich
loot/ma (-a) hoffen
lõpetama beenden
lõp/p (-u) Ende
lõppema aufhören
loss (-i) Schloss (Gebäude)
lõuna Mittag, Süden (Richtung), Mittagessen
luba (loa) Erlaubnis
lubama erlauben, versprechen
lugema lesen
lühike/ne (-se) kurz
lum/i (-e) Schnee
lusik/as (-a) Löffel
luu Knochen
luu/d (-a) Besen

M

maa Erde (Welt); Land
maakaar/t (-di) Landkarte
maalima malen
maastik (-u) Landschaft
mäda Eiter
madal (-a) niedrig
mädanenud faul (Obst)
ma/du (-o) Schlange
magama schlafen
magamis/tuba (-toa) Schlafzimmer
mägi (mäe) Berg
magus (-a) süß
maits/ev (-va) schmackhaft
maja Haus
majutus (-e) Unterkunft
maks (-u) Gebühr
maks/ma (-ta) (be)zahlen, kosten (Preis)
mälestus (-e) Andenken
mäletama sich erinnern
mäng (-u) Spiel
mängima spielen
mänguas/i (-ja) Spielzeug
mant/el (-li) Mantel
mär/g (-ja) nass
masin (-a) Wagen, Auto
meeldima gefallen
meeleldi gern
mees (mehe) Mann
mer/i (-e) Meer
mesi (mee) Honig
mesila/ne (-se) Biene
mets (-a) Wald
midagi etwas
miks? warum?
millal? wann?
milli/ne (-se)? welcher?
min/ema (-na) gehen
minut (-i) Minute
mis (mille)? was?
missugu/ne (-se)? welcher?
mitte nicht;
m. keegi (kellegi) niemand;
m. kunagi nie;
m. kuskil nirgendwo;
m. kuskile nirgendwohin;
m. midagi nichts
mõis (-a) Gut (Herrensitz)
mõisahoone Gutshaus
mõisnik (-u) Gutsherr

mõn/i (-e) einige
mõnikord manchmal
mood (moe) Mode
mootor (-i) Motor
mootorra/tas (-tta) Motorrad
mõru bitter
mõtlema (mõtelda) denken
mugav (-a) gemütlich
mul/d (-la) Erde, Boden
muna Ei
murdvargus (-e) Einbruch
mür/k (-gi) Gift
must (-a) schmutzig, schwarz
müts (-i) Mütze
müü/ma (-a) verkaufen
muuseum (-i) Museum
muutu/ma (-da) werden zu (Veränd.)

N

naab/er (-ri) Nachbar
naasma zurückkehren
nädal (-a) Woche
naeratama lächeln
naerma lachen
nägema (näha) sehen
nagu wie (Vgl.), wenn (als)
nägu (näo) Gesicht
nah/k (-a) Haut, Leder
näi/de (-te) Beispiel
nai/ne (-se) Frau
näi/tama (-data) zeigen
näitus (-e) Ausstellung
näl/g (-ja, -ga) Hunger
natuke ein bisschen (Adv.)
natuke/ne (-se) bisschen
need (nende) diese (Mz)
nii so
niiske feucht
nii/t (-di) Faden
nim/i (-e) Name
nina Nase
nõel (-a) Nadel
nöö/p (-bi) Knopf
noor (-e) jung
normaal/ne (-se) normal
nõu Rat
nõus einverstanden
nuga (noa) Messer
numb/er (-ri) Nummer
nut/ma (-ta) weinen
nüüd jetzt

O (Õ, Ö)

odav (-a) billig
õde (õe) Schwester
õh/k (-u) Luft
ohtlik (-u) gefährlich
õhtu Abend
õhtusöö/k (-gi) Abendessen
õige richtig
õigus (-e) Recht
olema (olla) sein (Verb)
õli Öl
õlu Bier
omama haben, besitzen
omand (-i) Eigentum
omanik (-u) Besitzer
õnn (-e) Glück
õnnelik (-u) glücklich
õnnetus (-e) Unfall
õnnitlema gratulieren
onu Onkel
öö Nacht
öömaja Unterkunft
ootama (oodata) warten
õpetaja Lehrer
õpetajanna Lehrerin
õpetama unterrichten, lehren
õpila/ne (-se) Schüler
õppima lernen
org (oru) Tal
organ (-i) Organ
oskama (osata) können
ost/ma (-a) kaufen
otse(teed) geradeaus
otsima suchen
otsustama entscheiden
õun (-a) Apfel

P

paar (-i) ein paar, Paar
paa/t (-di) Boot
paber (-i) Papier
pad/i (-ja) Kissen
päev (-a) Tag
pagariäri Bäckerei
pagas (-i) Gepäck
paha schlecht
pai/k (-ga) Stelle, Ort
päike (-se) Sonne

Wörterliste Estnisch – Deutsch

pak/k (-i) Paket
paks (-u) dick
palavik (-u) Fieber
palee Palast
palju viel
pal/k (-ga) Lohn, Gehalt
paluma bitten
palve Bitte
pan/ema (-na) setzen, stellen, legen;
 ette p. vorschlagen;
 selga p. anziehen (Jacke)
pan/k (-ga) Bank (Geld)
parandama reparieren
pärast nach (zeitl.), in (zeitl.), über (zeitl.), wegen;
 p. seda danach
pärastlõuna Nachmittag
parem (-a) besser
paremal rechts
päris ganz
par/k (-gi) Park
parkima parken (Wagen)
parvlaev (-a) Fähre
pass (-i) (Reise-)Pass
patarei Batterie
patsien/t (-di) Patient
paus (-i) Pause
pea Kopf
peal auf, über (örtl.)
peatama anhalten
peatus (-e) Haltestelle
peeg/el (-li) Spiegel
perekon/d (-na) Familie
perekonnanim/i (-e) Nachname
pereme/es (-he) Hausherr
perenai/ne (-se) Hausfrau
perroon (-i) Bahnsteig
pes/ema (-ta) waschen
pet/ma (-ta) betrügen
pidama halten; sollen, müssen;
 meeles p. sich merken
pidu (peo) Fest
peopereme/es (-he) Gastgeber
pidustus (-e) Feier
pidutsema feiern
piim (-a) Milch
piir (-i) Grenze
pik/k (-a) lang, lange
pikkamööda allmählich, langsam (Adv.)
pildistama fotografieren
pil/t (-di) Bild
pilv (-e) Wolke
pime (-da) dunkel
pin/k (-gi) (Sitz-)Bank
pip/ar (-ra) Pfeffer
pisar (-a) Träne
plaan (-i) Plan
pliiats (-i) Bleistift
po/eg (-ja) Sohn
põh/i (-ja) Norden
pois/s (-i) Junge
põl/d (-lu) Feld
põlema brennen
poliitika Politik
politsei Polizei
põllumajandus (-e) Landwirtschaft
põlv (-e) Knie
pool (-e) Seite (Richtung), Hälfte;
 igal p. überall
poolt für (Zustimmung)
post (-i) Post
postkaar/t (-di) Postkarte
prantsuse französisch
preservatiiv (-i) Kondom
preili Fräulein
prillid (-e) Brille
privaat/ne (-se) privat
probleem (-i) Problem
proovima probieren, kosten
proua Frau (Anrede)
prügi Müll
pudel (-i) Flasche
puh/as (-ta) sauber
puhastama reinigen
puh/kama (-ata) ruhen, sich erholen
puhkus (-e) Urlaub, Ferien
püks/id (-te) Hose
püksiku/d (-te) Unterhose
pulmad (-e) Hochzeit
purjus betrunken
putuk/as (-a) Insekt
puu Baum, Holz
puuvil/i (-ja) Obst

R

raadio Radiogerät

rääkima reden, sprechen
raamat (-u) Buch
raha Geld
rahu Ruhe, Frieden
rahul zufrieden
rahv/as (-a) Volk, Leute
rahvus (-e) Nationalität
rahvusvaheli/ne (-se) international
ran/d (-na) Strand
rase (-da) schwanger
raske schwer
rat/as (-ta) Rad
rau/d (-a) Eisen
raudtee Eisenbahn
raudteejaam (-a) Bahnhof
ravim (-i) Medikament
ravima behandeln (Arzt)
reis (-i) Reise
reisibüroo Reisebüro
reisima reisen
reserveerima reservieren
restoran (-i) Restaurant
rii/e (-de) Stoff
riietuma sich anziehen; **lahti r.** sich ausziehen
riietus (-e) Kleidung
rik/as (-ka) reich
rin/d (-na) Brust
rinnahoidja Büstenhalter
rist (-i) Kreuz
roh/i (-u) Gras, Medikament
rohke reichlich
rong (-i) Zug
rõõmustama sich freuen
rumal (-a) dumm
ruttama (rutata) sich beeilen
ruum (-i) Raum

S (Š)

saa/bas (-pa) Stiefel
saabuma ankommen
saabumi/ne (-se) Ankunft
saadik seit
saa/ma (-da) bekommen, empfangen, werden; können
aru s. verstehen;
tuttavaks s. sich bekannt machen
saar (-e) Insel
säära/ne (-se) solcher
sääst/ma (-a) sparen
saat/ma (-a) schicken, senden, begleiten;
tervisi s. Grüße ausrichten
sadam (-a) Hafen
sageli oft
säilitama erhalten, bewahren
saksa deutsch
Saksamaa Deutschland
saksla/ne (-se) Deutscher
sakslanna Deutsche
salv (-i) Salbe
sär/k (-gi) Hemd
seadus (-e) Gesetz
seal da, dort
see (selle) dieser
seelik (-u) Rock
seen (-e) Pilz
see/p (-bi) Seife
sees in (Ort), innen
seespool innen
segama mischen, stören
sein (-a) Wand
seis/ma (-ta) stehen
sekund (-i) Sekunde
seletama erklären
sel/g (-ja) Rücken
seljakot/t (-i) Rucksack
selleks: s. et um zu
sellepärast deshalb
servjet/t (-i) Serviette
sest: s. et weil
side (-me) Verbindung, Verband, Binde
siga (sea) Schwein
sigaret (-i) Zigarette
siid (-i) Seide
siin hier
siis dann
sil/d (-la) Brücke
silm (-a) Auge
sini/ne (-se) blau
sink (-i) Schinken
sinna dorthin
sipelg/as (-a) Ameise
sisenema einsteigen, eintreten
sisse in (Richtung)
sissepääs (-u) Eingang
sisseve/du (-o) Einfuhr
sõb/er (-ra) Freund
sobima passen

Wörterliste Estnisch – Deutsch

sõbranna Freundin
sõ/da (-ja) Krieg
so/e (-ja) warm
sõiduhin/d (-na) Fahrpreis
sõiduk (-i) Fahrzeug
sõidupilet (-i) Fahrkarte
sõiduplaan (-i) Fahrplan
sõit/ma (-a) fahren;
ära s. abreisen, abfahren
sok/k (-i) Socke, Strumpf
šokolaad (-i) Schokolade
solva/ma (-ṯa) beleidigen
sõna Wort
sõnaraamat (-u) Wörterbuch
söögikaar/t (-di) Speisekarte
söö/k (-gi) Speise, Essen, Mahlzeit
sool (-a) Salz
sööma (süüa) essen
soov (-i) Wunsch
soovima wünschen
soovitama empfehlen
sõprus (-e) Freundschaft
sõrm (-e) Finger
spor/t (-di) Sport
stiil (-i) Stil
süda (-me) Herz
südamlik (-u) herzlich
sügav (-a) tief
sügis (-e) Herbst
suhk/ur (-ru) Zucker
suits (-u) Rauch
suitsetama rauchen
sularaha Bargeld
sündmus (-e) Ereignis
sünnipäev (-a) Geburtstag
supelpüks/id (-te) Badehose
supeltrikoo Badeanzug
suplema (supelda) baden
sup/p (-i) Suppe
sur/ema (-ra) sterben
surm (-a) Tod
surnud tot
süstima spritzen (med.)
suu Mund
süüdi schuldig
suud/lema (-elda) küssen
suun/d (-a) Richtung
suur (-e) groß
suurepära/ne (-se) ausgezeichnet
suursaatkon/d (-na) Botschaft (dipl.)
suurus (-e) Größe
suut/ma (-a) können
süütu unschuldig
suv/i (-e) Sommer
Šveits (-i) Schweiz
šveitsla/ne (-se) Schweizer

T

tablet/t (-i) Tablette
tädi Tante
taev/as (-a) Himmel
taga hinter
tagasi zurück
tagasisõi/t (-du) Rückfahrt
tagavaraosa Ersatzteil
täh/t (-e) Stern, Buchstabe
täht/is (-sa) wichtig
taht/ma (-a) wollen
taim (-e) Pflanze
täi/s (-e) voll
takso Taxi
taldrik (-u) Teller
talupo/eg (-ja) Bauer
talv (-e) Winter
täna heute
tänama danken
tänav (-a) Straße
tankima tanken
tankla Tankstelle
tants (-u) Tanz
tantsima tanzen
tap/ma (-pa) töten
täp/ne (-se) pünktlich, genau
tarbekunst (-i) Kunsthandwerk
tar/k (-ga) klug
tarvitama (be)nutzen
tasku Tasche (in Kleidung)
tass (-i) Tasse
tasuta kostenlos
tea/de (-te) Nachricht
tead/ma (-a) wissen
teatama mitteilen, benachrichtigen;
ette t. anmelden
teat/er (-ri) Theater
tee Weg; Tee
teenima verdienen
tegema (teha) machen, tun
tek/k (-i) Decke (Bett)

televiisor (-i) Fernsehgerät
tel/k (-gi) Zelt
tellima bestellen;
ette t. buchen
tellimus (-e) Bestellung
terav (-a) scharf
terve gesund
tervis (-e) Gesundheit
tervitama (be)grüßen
til/k (-ga) Tropfen
tõend (-i) Beweis
tohtima dürfen
toiduaine/d (-te) Lebensmittel
tõl/k (-gi) Dolmetscher
tõlkima übersetzen
toll (-i) Zoll (Verwaltung)
too (tolle) jener
töö Arbeit
tööko/da (-ja) Werkstatt
tool (-i) Stuhl
tööli/ne (-se) Arbeiter(in)
tooma (tuua) holen
toor/es (-e) roh
tööstus (-e) Industrie
töötama arbeiten
torn (-i) Turm
tõsi (tõe) wahr
tõst/ma (-a) heben
tõttu wegen
tõus/ma (ta) steigen;
püsti t., üles t. aufstehen
traditsioon (-i) Tradition
trahv (-i) Strafe
tramm (-i) Straßenbahn
trep/p (-i) Treppe
tšek/k (-i) Scheck
tualet/t (-i) Toilette
tuba (toa) Zimmer
tubak/as (-a) Tabak
tudeng (-i) Student
tüdruk (-u) Mädchen
tugev (-a) fest, stark
tüh/i (-ja) leer
tük/k (-i) Stück
tulekahju Brand
tul/ema (-la) kommen
tuletik/k (-u) Streichholz
tul/i (-e) Feuer
tulistama schießen
tülitsema streiten
tun/d (-ni) Stunde
tund/ma (-a) kennen;
(ennast) t. (sich) fühlen
tundmatu unbekannt
tun/ne (-de) Gefühl
tur/g (-u) Markt
tüt/ar (-re) Tochter
tutvustama vorstellen, präsentieren
tuul (-e) Wind

U (Ü)

udu Nebel
üheskoos zusammen
ühiskon/d (-na) Gesellschaft
ujuma schwimmen
uks (-e) Tür
üksi allein
ükskord einmal
üksteis/t (-e) einander
üle über (örtl.)
üleeile vorgestern
ülehomme übermorgen
ülejäänud übrig
ülekanne Überweisung
ülem (-a) Chef
üleval oben
ülikool (-i) Universität
ümber um
ümbersõi/t (-du) Umleitung
umbes ungefähr
ümbrus (-e) Umgebung, Gegend
un/i (-e) Schlaf
unistus (-e) Traum
unustama vergessen
uskuma glauben
üsna ziemlich
ütlema (ütelda) sagen
uudis/ed (-te) Nachrichten (Medien)
uudishimulik (-u) neugierig
üürima mieten;
välja üü. vermieten
uus (uue) neu

V

vaatamisväärsus (-e) Sehenswürdigkeit
vaatlema (vaadelda) anschauen, besichtigen
vaba frei

Wörterliste Estnisch – Deutsch

vabandama sich entschuldigen
vabrik (-u) Fabrik
vae/ne (-se) arm
väga sehr
vähe wenig
vahel zwischen
vahetama wechseln, umtauschen
vah/t (-u) Schaum
väik/e (-se) klein
vaik/ne (-se) leise, still
vai/p (-ba) Teppich
vajalik (-u) notwendig
vajama brauchen
vaktsineerima impfen
vale falsch
valetama lügen
valgus (-e) Licht
valima wählen, aussuchen
välismaa Ausland
välismaala/ne (-se) Ausländer
välismai/ne (-se) ausländisch
välja hinaus, heraus
väljapääs (-u) Ausgang
väljas außen
väljasõi/t (-du) Ausreise
väljaspool außen
väljave/du (-o) Ausfuhr
väljuma aussteigen
vallali/ne (-se) ledig
valmis fertig
valmistama: ette v. vorbereiten
valu Schmerz
valutama schmerzen
valuuta Devisen
vana alt
vanaei/t (-de) Alte
vanaema Großmutter
vanaisa Großvater
vaname/es (-he) Alter
vanema/d (-te) Eltern
vank/er (-ri) Wagen
vannit/uba (-oa) Badezimmer
vanus (-e) (Lebens-)Alter
vara früh
vargus (-e) Diebstahl
var/i (-ju) Schatten
värske frisch
varsti bald
värv (-i) Farbe
vasakul links
väsinud müde
vasta/ma (-ta) antworten
vastas gegenüber
vastu gegen
vastupidi/ne (-se) umgekehrt
vastus (-e) Antwort
vat/t (-i) Watte
veel noch;
  v. kord noch einmal
vein (-i) Wein
veis (-e) Rind
ven/d (-na) Bruder
veoauto Lastwagen
vesi (vee) Wasser
vestlema (vestelda) sich unterhalten
vestlus (-e) Gespräch
viga (vea) Fehler
vigastatud verletzt
vigastus (-e) Verletzung
vihm (-a) Regen
vihmavar/i (-ju) Regenschirm
viibimi/ne (-se) Aufenthalt
vii/ma (-a) bringen
viima/ne (-se) letzter
viin (-a) Schnaps
viisak/as (-a) höflich
vil/i (-ja) Frucht, Korn
vill (-a) Wolle
vir/k (-ga) fleißig
või oder; Butter
võib-olla vielleicht
võimalik (-u) möglich
vöö Gürtel
voodi Bett
voodirii/ded (-ete) Bettzeug
võõr/as (-a) fremd
vorst (-i) Wurst
võru Reifen
võt/i (-me) Schlüssel
võt/ma (-ta) nehmen;
  istet v. sich setzen;
  seljast v. ausziehen (Jacke)
  sleppi v. abschleppen
  vastu v. annehmen
vürts (-i) Gewürz

Die Autorin

Irja Grönholm, Jahrgang 1951.

Ich bin zweisprachig (estnisch / deutsch) aufgewachsen. Meine Eltern und Großeltern stammen aus Estland bzw. Schweden und sind 1941 nach Deutschland gekommen.

Nach meiner Ausbildung und Tätigkeit im naturwissenschaftlichen Bereich habe ich mich eines Tages entschlossen, meine Zweisprachigkeit zu nutzen. Das war 1984. Seither bin ich freie Übersetzerin und beschäftige mich nun auch beruflich mit Estland. Mehrere längere Aufenthalte als Stipendiatin haben mir Land und Leute auf andere Weise nahegebracht, als es durch die weitläufigen verwandtschaftlichen Kontakte möglich war.

Ich freue mich, mit diesem Kauderwelsch-Band denjenigen weiterhelfen zu können, die diesen Teil des landschaftlich so reizvollen Baltikums selbst entdecken wollen.